Thomas Aquinas

トマス・アクィナス 肯定の哲学

山本芳久

慶應義塾大学出版会

まえがき

私たちは、悲しいときに、泣くことによって、悲しみが癒され和らげられることがある。それに対して、嬉しいときに、笑うことによって、嬉しさが弱まりはしない。それどころか、笑うことによって嬉しさはより増幅する。

悲しみと喜びという相反する感情に関するこの興味深い事実は、西洋中世の哲学者トマス・アクィナスがその主著『神学大全』のなかで言及しているものである。

人間心理のこのような描写から浮き彫りになってくるのは、人間精神の柔軟な回復力、更に踏みこんで言えば、人間精神の根源的な肯定性とでも名づけるべきものである。「悲しみ」という否定的《ネガティブ》な感情が生まれてきたことに対する自然な反応である「泣く」という行為は、その原因であった「悲しみ」を和らげ癒す効果を持つ。否定的な感情をありのままに受けとめること自体のうちに、否定的な状態から立ちなおるための原動力が内在している。

これは、人間心理に関するささやかな一事実の指摘にすぎないとも言えるが、トマスの哲学を生き生きと解読しなおすための大きな手がかりとなるものでもある。

トマス・アクィナスとはどのような人かと聞かれれば、多くの人が、『神学大全』の著者」と答えるだろう。ある程度の知識を有している人であれば、「アリストテレス哲学を援用してキリスト教神学を体系化した中世スコラ哲学の第一人者」といった答えを与えるかもしれない。

これらの答えは、いずれも間違っていない。いや、それどころか、教科書的な説明としては、大正解と言うべきだ。とはいえ、そのようなトマス像は、正しいものではあっても、キリスト教徒ではない多くの日本人の心からは遠い。

だが、トマスの語っていることに虚心坦懐に耳を澄ませるならば、現代日本に生きる私たちにも近しい、そして優しい、静かではあるが温かい励ましの声が聞こえてくる。

トマスの全体系を貫いて通奏低音のように鳴り響いている一つの根源的な旋律がある。それは、存在するもの全体に対する肯定と讃美の旋律であり、一見否定的な事柄をも巻きこみながらその全体を肯定していく人間の状況打開力と自己肯定力の強調である。

自分について一人称で語りはせずに、ひたすら淡々と神学的・哲学的な用語を論理的に駆使しつつ様々な問題に関する解決を次々と下していくトマスのテクストに触れながら、その根底に横たわる肯定的な調べを聞き逃してしまうならば、或る意味、真に重要なことのすべてを捉え損なってしまうと言えるかもしれない。

逆に、この根源的な調べさえ聞き取れれば、トマスが論じているあらゆるテーマを正確に読み解くためのマスターキーを手に入れたことになる。「肯定の哲学」という観点こそ、トマスの全体系を読み解く鍵であり、そして、彼の哲学を現代に生かしなおすための橋頭堡《きょうとうほ》となるものでもある。

哲学の古典の読解には、クラシック音楽の演奏に似ているところがある。モーツァルトやバッハがどれだけ優れた作曲家であろうとも、彼らの残した楽譜を解釈し演奏する演奏家がいなければ、魅力的な調べが多くの人の耳に届くことはない。しかも、優れた演奏家や指揮者は、単に受動的に、機械的な仕方で、楽譜を演奏へと変換しているのではない。グールドの斬新な演奏によってはじめて引き出されてくるバッハの魅力がある。バッハがいなければグールドも存在しえないのは真実だが、グールドがいなければ永遠に響き渡らなかったバッハの調べがあるのも他面の真実だ。そして、グールドの演奏がどれほど斬新であっても、それは、他の演奏家によるバッハ解釈を否定するものではない。従来の演奏と新しい解釈による演奏のどちらが正しいかと簡単に白黒つけられはしない。むしろ、新しい演奏とは、古典の魅力を新たな仕方で開示する演奏なのであり、新たな魅力が開示されることによって、従来の演奏の価値が否定されるどころか、その固有の価値がより明確になることも起こりうる。

「肯定の哲学」という表現はトマス自身によるものではなく、本書の著者による。だが、それは、トマスのテクストに対して外から強引に押しつけられたものではない。トマスのテクスト自体に内在している通奏低音的な調べに着目し、そこを軸にしてトマスの膨大なテクストを深く読み抜くことによって形成された視点だ。これまでの多くのトマス解釈でも、その部分的な構成要素としてときに言及されていたトマス哲学の肯定的な視座を、本書では、単なる一構成要素ではなく、中核的な構成要素として読みなおすことを試みる。そのことによって、トマス哲学の全体像に関する新たな解釈を提示するのみではなく、哲学を専門にしているか否か、キリスト教に関心があるか否かという狭い枠組みを超えて、この世界を肯定的に受けとめて生き抜く実践的な生の技法を万人に提案している書物として、トマスの主著である『神学大全』を読みなおしてみたい。

トマスについてある程度の知識を有している人にとっては、このような視点は、意想外なものと受けとめられるかもしれない。なぜなら、トマスは、往々にして、キリスト教の教義に基づいた抽象的概念を駆使する難解な神学者として、ゴシック建築にも見まがう近寄りがたい堅固な体系を構築した哲学者として、そしてカトリック教会の護教的な思想家として受けとめられているからだ。人間の心の動きの繊細な機微を経験的に分析し、私たちの生を柔軟に方向づけなおす手がかりを与えてくれる実践的な哲学の体現者とは見なされてこなかったのである。

トマス研究においては、感情論はほとんど着目されてこなかった分野だ。

我が国におけるこれまでのトマス研究の代表者として、山田晶、稲垣良典、クラウス・リーゼンフーバーの三氏を挙げることができる。

『トマス・アクィナスの《エッセ》研究』（一九七八）と『トマス・アクィナスの《レス》研究』（一九八六）にまとめられた山田の研究は、ほぼすべてがトマスの存在論に関するきわめてテクスト密着的な色彩の強いものであり、トマスのテクストを正確に読み解くための多くの示唆を与えてくれる。

『トマス・アクィナス哲学の研究』（一九七〇）や『トマス・アクィナス倫理学の研究』（一九九七）に代

表される稲垣の研究は、存在論、認識論、倫理学のすべての側面をバランスよくおさえた射程の広いものであり、とりわけ、倫理学における「習慣」「徳」「法」といった諸概念に関しての包括的な研究は、きわめて注目に値する。

リーゼンフーバーは、「自由」「善」「超越」といった諸概念を軸とした人間論を哲学的に深く掘り下げて展開しており、トマスのテクストに密着しながらも、トマス解釈の枠を超えて、読みごたえのある哲学的人間論を形成している。[1]

ところが、これらの研究では、感情論は、周辺的《マージナル》な位置づけしか与えられていない。我が国のみではなく、欧米でも、トマスの感情論は未開拓の分野であり、感情論に関するまとまった研究が発表されるようになったのは、ごく最近のことにすぎない。[2]

感情論に焦点をあてることは、単に、トマス研究の未開拓な一側面に注目することにすぎないのではない。本書が目指しているのは、私たちが身近に経験している感情に関して哲学的に掘り下げた考察を展開し、人間精神の根源的な肯定性を究極的特徴として有するトマス人間論の全体構造を明らかにすることである。トマスの感情論という未開拓な分野に着目することによって、トマスの全体像の刷新を行なう。

本書の第二部では、神論・キリスト論といった神学的なテーマも取り扱うが、その目的は、キリスト教神学自体を論じることではない。むしろ、神やキリストにおける「感情」の在り方について論じることによって、人間の感情の在り方を理解するためのもう一つの光源を獲得したい。

あらゆる神学は人間学と表裏一体だ。「神」と呼ばれてきたものを信じる人であれ信じない人であれ、神について論じてきた神学的な言説から、神に関してのみではなく、人間に関して多くのことを学びうる。人間が神について論じることは、神ならざる人間を論じることと切り離せない。神について論じられてきた言説を吟味しなおすことを通じて、私たちは、私たちの人間観自体を問いなおせる。

本書が目指しているのは、『神学大全』という古典に新たな生命を吹きこみつつ、哲学と神学の両者を合わせ含む仕方でトマスの感情論に焦点をあて、自己、他者、そして世界全体に対する肯定的な受けとめ方を可能にする原理を浮き彫りにしていくことである。そのさい、思想内容と著作形式の双方に着目しつつ、トマスのテクストを新たな観点から創造的に分析しなおしていく。哲学史的知識の有無やキリスト教信仰の有無にかかわらずに、現代に生きる私たちの生に新たな活力を与えてくれるものとして、トマス哲学を創造的に読解しつつ、「肯定の哲学」を構築していきたい。

トマス・アクィナス　肯定の哲学

目　次

凡　例

テクスト箇所の指示に関する略号は慣用に従った。主なものは以下のとおりである。
q.= quaestio（問題）、a.= articulus（項）、arg.1, 2…= argumentum 1, 2…（異論一、二…）、s.c.=sed contra（反対異論）、ad 1, 2, …（異論解答一、二…）。

『神学大全』（*Summa Theologiae*）からの引用は、書名を付さず、慣例に従って、I, q.1, a.2, ad 1 のように表記する（第一部第一問題第二項異論解答一を意味している）。「項」以降の指示がない場合には、「主文（corpus）」を指す。なお、同書の第二部は、第二部の第一部と第二部の第二部へと更に細分化される。第二部の第一部（Prima Secundae）は I–II と表記し、第二部の第二部（Secunda Secundae）は II–II と表記する。

問題・項・異論・反対異論・主文・異論解答といった著作形式の構造については、第一部第四章において詳細に説明する。

引用文における著者による挿入・補足的説明は〔　〕内に記した。引用者による省略は「……」、強調は傍点で記した。なお、本文中の引用は拙訳による。既存の邦訳を参照または活用した部分もあるが、その場合にも、コンテクストや首尾一貫性への配慮から訳語等を部分的に変更させていただいた。訳者の方々に感謝するとともに、最終的な文責は著者にあることをおことわりしておきたい。なお、『神学大全』のテクストは、最も権威のあるレオ版を使用し、随時、オタワ版を参照した。（*Sancti Thomae Aquinatis Doctoris Angelici Opera Omnia Iussu Impensaque Leonis XIII P. M. Edita*, Tomus IV-XII, Romae: Ex Typographia Polyglotta S.C. de Propaganda Fide, 1888-1903; *S. Thomae de Aquino Ordinis Praedicatorum Summa Theologiae*, cura et studio Instituti Studiorum Medievalium Ottaviensis ad textum S. Pii Pp. V iussu confectu recognita, Tomus I–V, Ottawa, Can.: Commissio Piana, 1953）

序

トマスは、しばしば、カトリック教会の護教的な神学者として理解されてきた。また、彼の主著『神学大全』（一二六六―一二七三）は、神学的・哲学的諸問題に対する解答集として、権威主義的に紹介されることが多かった。そのため、我々の具体的な人生の現場を照らし出すような普遍的な力を有するテクストではなく、退屈な教科書的著作と見なされがちであった。[3]

だが、このような理解は、きわめて一面的だ。実際には、彼のテクストは、現代に生きる我々の生を豊かにしてくれる魅力的な洞察に充ち満ちている。それらの優れた洞察を、我々の生に対する積極的《ポジティブ》なヴィジョンを与えてくれる「肯定の哲学」という観点から再構成し、哲学・神学に関する特別な予備知識のない読者にも分かりやすく提示するのが、本書の課題だ。

トマスは、伝統的なカトリック神学を体系化して壮大な神学・哲学体系を築き上げた人物だとのしばしば見られる説明がなぜ一面的なのかといえば、それは、トマスの革新性を捉え損なっているからだ。それでは、トマスの革新性はどのような仕方で正しく捉えなおせるのであろうか。以下、トマスの時代背景と絡めながら説明したい。

ローマとナポリのほぼ中間に位置するアクィノの町の近傍の山城にて貴族の家庭の末子として生まれたトマス(一二二五頃―一二七四)は、モンテ・カッシーノ修道院における初等教育を経て、一二三九年に一四歳でナポリ大学に進学した。そこで彼を待ち構えていたのは、人生を決定づける二つの大きな出会いであった。その一つは、アリストテレスとの出会いであり、もう一つはドミニコ会との出会いであった。トマスが活動した一三世紀においては、アリストテレスもドミニコ会も新奇なものであった点に留意する必要がある。

古代ギリシアの哲学者であるアリストテレス(前三八四―三二二)のテクストは、論理学関係のごく一部を除いて、中世ヨーロッパ(ラテン・キリスト教世界)には伝わっていなかった。それに対して、同時代のイスラーム世界では、アリストテレスの著作はアラビア語に翻訳され、深く受容されていた。一二世紀の半ばになると、アリストテレスのテクストは、アラビア語からラテン語に翻訳され始めるようになり、次第に、ギリシア語から直接ラテン語に翻訳されるようになった。そして、キリスト教成立以前の異教の哲学者であるアリストテレスを神学的にどのように評価するべきかが、トマスの活動した一三世紀に、知的世界全体を揺るがす大きな問題になっていた。

アリストテレスがラテン・キリスト教世界に与えた衝撃としてしばしば指摘されるのは、「世界の永遠性」と「知性の単一性」という教説が、キリスト教の伝統的な教義と真正面から対立する点が問題とされた事実だ。アリストテレスの世界観では、世界は永遠の昔から永遠の未来まで存続する永遠的なものと捉えられていた。そして、その世界観は、世界に時間的な始まりがあり、いずれ終末がやってくるとのキリスト教的な世界観とは両立しないと思われた。

イスラーム世界を経由して到来したアリストテレス哲学には、イスラーム世界の哲学者たちによるアリストテレス解釈が切り離しがたく結びつけられていた。とりわけ、アヴェロエス（一一二六—一一九八）は「注釈者（Commentator）」と呼ばれ、絶大な影響力を有していた。「知性の単一性」とは、「すべての人間においてただ一つの知性しか存在しない」という或る種奇妙な教説だが、アヴェロエスのみではなく、イスラーム世界では、アリストテレスの正しい解釈として広く流通していた。だが、このような考えは、知的判断力を有する一人一人の個人が倫理的行為の主体であり、神による救いの対象となる主体でもあるとのキリスト教的な世界観の根幹を揺るがしうるものであった。[4]

アリストテレスのテクストの流入に対するラテン・キリスト教世界の知識人の対応は大きく三つに分けられる。「ラテン・アヴェロエス主義」「保守的アウグスティヌス主義」「中道的アリストテレス主義」である。[5]「ラテン・アヴェロエス主義」の立場は、しばしば「二重真理説」とも呼ばれる。聖書に基づいた信仰の真理とは異なる結果が導き出されようとも、哲学的には正しい真理として、アリストテレスのテクストに依拠した真理探究を、アヴェロエスの影響下に理性的に追い求めていく立場だ。それに対して、「保守的アウグスティヌス主義」の立場は、ラテン世界の神学の基盤を形作ったアウグスティヌス（三五四—四三〇）に由来する伝統的な神学に依拠し続けていればよいのであって、異教の哲学者であるアリストテレスを受け入れるべきではないとするものであった。

三番目の「中道的アリストテレス主義」の代表者は、トマスと、彼の師匠アルベルトゥス・マグヌス（一一九三頃―一二八〇）である。上述の二つの明確な立場と比べると、「中道的アリストテレス主義」は、いかにも生ぬるい中途半端な立場との印象を与えるかもしれないが、それは誤解だ。この立場に属するトマスは、アヴェロエスとは異なる仕方でアリストテレスを読みなおし、アリストテレスとキリスト教を両立させることを試みた。たとえば、トマスは、知性は一人一人の個人に内在しているという考えがアリストテレスの真意だと解釈した。また、アリストテレス自身が『トピカ』（第一巻第一一章）のなかで述べている言葉に基づきつつ、「世界は永遠的なものか否か」という問題は、弁証論的な問題――理性によって確実な結論を導き出せない問題――だと解釈することによって、キリスト教の伝統的な教説と両立する仕方でアリストテレスのテクストを受けとめなおしている（I, q.46, a.1）。

トマスのこのような解釈は単なる辻褄《つじつま》合わせではない。トマスは、アリストテレスを解釈しなおすことによって、キリスト教をも解釈しなおしている。「キリスト教」という不動の基盤があって、そこにアリストテレスを適応させようとしているのではない。「ラテン・アヴェロエス主義」や「保守的アウグスティヌス主義」には、「アヴェロエス的なアリストテレス」または「アウグスティヌス的な伝統」という不動の基盤があった。それに対して、トマスは、キリスト教とは元来無関係であり脅威とも見なされがちであったアリストテレスから目を背けるどころか、正面から向き合うことによって、伝統的なキリスト教観を揺るがすことすらためらわない。中道的アリストテレス主義は、どっちつかずの生ぬるい立場であるどころか、三つの立場のなかで最も革新的な立場なのだ。

アリストテレスが与えた衝撃は、単に、「世界の永遠性」と「知性の単一性」という一部の教説の問題性にのみ基づいていたのではなかった。「万学の祖」と呼ばれるアリストテレスは、自然学、形而上学、倫理学、政治学、霊魂論、動物論などこの世界のあらゆる現象におよぶ壮大な体系を築き上げていた。聖書に基づいたキリスト教的世界観のみが、神・人間・世界に関する統一的な理解を与えてくれると信憑《しんぴょう》していたラテン・キリスト教世界の知識人たちは、アリストテレスのテクストに直面して、世界全体を体系的に理解するもう一つの方式があることに気づかされた。それは、宗教的な啓示に依拠するのではなく、徹頭徹尾理性に基づいてこの世界の全体構造を捉える哲学的な姿勢であった。こうした理性的な包括的世界観に対する直面は、キリスト教信仰の絶対性、ひいてはその存在意義をも脅かしうるものであった。

トマスは、アリストテレスのテクストの導入によって直面させられたこうした挑戦から目を背けず、逆に徹底的な理性的姿勢をキリスト教神学に本格的に導入した。そのことによって、啓示に基づいたキリスト教が、非キリスト教的なものに変質したり存在意義を失ってしまったりするどころか、むしろ、よりキリスト教的なものに高められうると考えた。この世界を人間理性の力の及ぶかぎり哲学的に体系的な仕方で理解しなおすことは、この世界とそこに生きている自己や他者をふさわしく愛する――「愛」はキリスト教の本質である――新たな観点を与えてくれるとの根源的洞察をトマスは抱いていた。この世界を秩序に満ちたものとして肯定的な仕方で哲学的に捉えなおすことは、宗教的な啓示をもより肯定的に捉えなおすことにつながり、そのことがまたこの世界やそこに生きている自己を更に肯定的に受けとめなおすことにつながるといった生産的な循環が成立しうるとトマスは考えたのだ。

そのことは、若き日のトマスが直面したもう一つの出会い、すなわちドミニコ会との出会いとも関係している。ドミニコ会は、フランシスコ会やイエズス会やベネディクト会やシトー会などと同じく、カトリックの修道会の一つであり、一三世紀初頭に認可されたばかりの新興の修道会であった。

貴族の末子として生まれたトマスは、五歳でベネディクト会のモンテ・カッシーノ修道院に入れられた。多くの貴族は、子供を高位の聖職者として出世させ、一族の政治的・経済的な影響力の増大へとつなげることを目論んでいた。そのために、彼らは、農村に大きな所有地を抱えて世俗的にも大きな影響力を有していた修道院に、遺産を受け継ぎにくい長男以外の子を入れて教育を受けさせていた。トマスがベネディクト会に入れられた背景にも、両親のそうした意向があったと思われる。

だが、政治的・経済的に体制化され世俗化されていたキリスト教の在り方に飽き足らなかったトマスは、両親の強い反対を押し切って、新興の修道会であるドミニコ会に加わった。ドミニコ会は、聖書に表現されている福音的な清貧の実践と理性的な神学に裏づけられた説教活動を使命とする托鉢修道会として、当時発展しつつあった都市における教化活動に力を入れていた。キリスト教の原点に立ち戻って、制度化されてしまったキリスト教を相対化し、刷新する運動の最前線にトマスは立っていた。

ここで興味深いのは、キリスト教の素朴な原点に立ち戻る姿勢と、キリスト教外の哲学者であるアリストテレスの壮大な知的体系を受け入れるという一見相反する姿勢が、トマスのうちにおいて絶妙に統合されている点だ。第四章でより詳しく説明するが、一見相反する見解や立場が絶妙な仕方で並び立つような地平を切り拓くことが、トマスの知的探究の基本的な特徴であり方法でもあった。トマスは、あくの強い主張を華々しく繰り広げるような種類の「独創的」な思想家ではなかった。むしろ、そのような意味で「独創的」ではないところにこそ、トマスの「独創性」は見出される。特定の立場に選別的に入れこまずに、両立させえないようにも思われる複数の立場が並び立つような地平を確立しようとするところに、トマスの思惟の特徴が見出される。確立された地平があまりにも自然であるため、トマスがそういった地平を確立する前から、もともとそれらの異質なものが並び立つのがあたりまえであったかのように思われるほどだ。

ドミニクス（一一七〇―一二二一）によって設立されたドミニコ会の正式名称は、「説教者兄弟会」である。「観想し、観想の実りを他者に伝える」を標語にし、説教を通じた都市における一般大衆の教化に力を入れ、その基盤である学問研究にも大きな力を注いでいた。観想するとは、真理をありのままに認識することだが、真理認識は、単なる自己満足のためではなく、人々がより充実した生を送るための助けとなることを目的に追求されていた。言語による真理の体系的伝達というトマス神学の基本的特色の背景には、このようなドミニコ会の在り方がある。そして、真理認識につながるものであれば、キリスト教の外で著されたテクストであっても受け入れて活用する柔軟性がトマスには見出される。

トマスが「アリストテレス」と「ドミニコ会」という二つの画期的なものに出会った場所が「大学（universitas）」であったことにも注目する必要がある。古代末期のアウグスティヌスや近世のデカルト（一五九六―一六五〇）やスピノザ（一六三二―一六七七）のように、優れた哲学者が、制度化された知的研究教育機関の外で活躍した時代もあるが、トマスの時代はそうではない。勃興しつつあった「大学」という「学校《スコラ》（schola）」で哲学は研究・教育され、優れた哲学者を輩出していった。だからこそ、この時代の哲学は、「スコラ哲学」と呼ばれている。第四章で述べるトマス哲学の一大特徴である知的伝統の蓄積と体系化といった性格も、トマスの学問が育まれたこうした知的基盤から生まれてきている。

本書は大きく二つの部から構成されている。第一部は「肯定の哲学の展開」であり、第二部は、「神学という光源」である。

まず、第一部では、「肯定の哲学」とはどのようなものであるのかを、トマスの感情論に焦点をあてながら明らかにする。

トマス哲学に満ち溢れている肯定的な調べに関しては、本書以前にも、様々な論者によって言及されてきた。その代表者は、作家のG・K・チェスタトン（一八七四―一九三六）だ。彼は、二〇世紀を代表する中世哲学史家であるエティエンヌ・ジルソン（一八八四―一九七八）から、トマスについて書かれた最善の書物と絶賛された『聖トマス・アクィナス』（一九三三）のなかで、次のように述べている。

> 聖トマスの作品の至る所に大いなる光のように拡がっている或るものがある。それは彼において非常に根本的で、おそらくは無意識的なものだ。取るに足りない個人的な資質としてきっと彼はそれに気を留めなかったことであろう。それはいまや、相当安っぽいジャーナリスティックな言い方によってのみ表現しうるものであり、彼はその言い方をかなり馬鹿げたものとおそらくは考えたであろう。それにもかかわらず、その雰囲気をあらわすための唯一の効果的な言葉は、楽天主義《オプティミズム》なのだ。[6]

これは、作家らしい優れた直観的洞察力と卓抜な表現力によって捉えられた魅力的なトマス像であり、きわめて的確であり印象深くもあるが、その一面性も看過できない。トマスは、手放しに楽天主義的なわけではない。人生やこの世界の否定的な側面に目を閉ざしていたのではない。彼は、この世界や人間の否定的な側面を直視する現実主義者《リアリスト》でもあった。トマスにおいては、現実的であることと楽観的であることとが、絶妙に共存していた。

本書の主題である感情論に関して言えば、トマスは、一見否定的に見える感情も含めたあらゆる感情の分析のなかで、人間の心の動きが根源的に善に向かっていることを指し示している。だが、人間の感情の肯定的な性格が一面的に強調されているわけではない。そうではなく、否定的なことをも含めたこの世界の現実にありのままに直面して、ときに否定的な感情を抱くこと自体が、人間精神を肯定的な方向へとより高次の仕方で導いていくきっかけにもなるという緊張感に満ちたダイナミズムがそこには見出される。

人間の心の動きが根源的に善に向かっていること、それにもかかわらず好ましからぬ動きに充ち満ちてもいること、そして、その好ましからぬ動き自体が、人間本性の根源的な善性を裏側から指し示しているというダイナミズム。トマス感情論のうちに見出されるこのような肯定的構造は、いわゆるポジティブ・シンキングのような通俗心理学的発想において、ときに見受けられるのとは異なり、肯定的《ポジティブ》な面を視野狭窄《きょうさく》的に過度に強調して単に主観的に肯定的な発想をしてみるにすぎないのではない。様々な概念の綿密な分類に基づきつつ、人間本性の肯定的な側面と否定的《ネガティブ》な側面の双方を幅広く包みこむきわめて手堅い哲学的発想になっているところに、トマスの論の特徴を見出すことができる。

第一部で取り出した人間の感情の肯定的な方向づけを踏まえながら、第二部では、「神における感情」「キリストにおける感情」といった神学的なテーマに取り組む。単に、神学的な問題に対する解答を与えることを目指しているのではなく、神学的な問題に取り組むことによって、人間論に関する新たな洞察を獲得することがそこでの目的である。神学は、神についての洞察を与えるのみではなく、人間のことのみを考えていては見えにくいような仕方で、人間に関する洞察を与えてくれる学問でもある。神学は、そのような意味で、人間の在り方をありありと照らし出すためのもう一つの「光源」と言える。

最後に、第二部で獲得された「神学」という光源に基づいて、この世界とそこに住まう人間をどのように我々が肯定的に捉えなおせるのかを「結論」において述べて、本書のまとめとする。若き日のトマスにおける「アリストテレス」と「キリスト教」との出会いは、トマスという一個人において たまたま起こった出来事にすぎないのではなく、それよりもはるかに広く深い射程を有する世界史的な出来事であった。そこで生まれてきた知的結実は、キリスト教徒か否かを問わず、現代に生きる我々の心を照らし出す知恵と洞察に充ち満ちている。

第一部　肯定の哲学の展開

第一部は、四つの章から構成されている。「肯定の哲学」という観点からまとめることのできるトマス哲学についての生き生きとしたイメージを最初につかんでもらうために、第一章と第二章では、トマスのテクストに即しながら、人間の抱く諸々の感情がどのような仕方で肯定的な方向づけを有しているのかを、豊富な具体例を交えながら、詳細に探究する。

感情とはとりとめのない流れのようなものであって、論理的な分析にはそぐわないと思っている人が多いかもしれない。だが、トマスは、一見とりとめのない感情の流れを前にして、主に二つの補助線を引くことによって、諸々の感情を明晰に区別することに成功している。感情に関するトマスの論考は、アリストテレスの『ニコマコス倫理学』や『弁論術』における感情論に多くを負っているが、アリストテレスには見出されないような仕方で、トマスは諸々の感情を区別し連関させる独自の観点を提示している。

具体的に言うと、一つ目の補助線は、その感情が善を対象にしているか悪を対象にしているのかという対象の善悪に関わる観点からの区別である。そして、二つ目の補助線は、その感情が「現在」の出来事を対象にしているのか「未来」の出来事を対象にしているのかという時間軸による区別である。

トマスはこのような観点から、感情論の具体的な内実を構成している一一の基本的な感情を取り出す。それは、「愛と憎しみ」「欲望と忌避」「喜びと悲しみ」「希望と絶望」「怖れと大胆」「怒り」の一一の感情である。「怒り」以外の感情は、すべて、対《つい》になっている。

こうした枠組みに基づいて、第一章では、「肯定的な感情の優位」という観点から、「愛と憎しみ」「欲望と忌避」「喜びと悲しみ」の特徴を吟味する。続いて第二章において、「困難に対する直面と克服」という観点から、「希望と絶望」「怖れと大胆」「怒り」について考察していく。

第三章「肯定的な生への促しとしての倫理学」では、トマスの人間論・倫理学が、感情論という一分野に限定されず、全体的に肯定的な方向づけを有していることを明らかにする。そのために、「怖れと大胆」をコントロールする「勇気」という「徳」の成立構造を検討する。また、『神学大全』の構造や著述形式を吟味し、同書を「肯定の書物」として読み解く観点を浮き彫りにする。

そして、第四章「肯定の形式としてのスコラ的方法」では、トマスの知的探究と執筆の方法論である「スコラ的方法」の構造を、感情論と密接に絡めながら分析する。そのことによって、トマス哲学が、その内容に関してのみではなく、形式や方法に関しても肯定の哲学と呼べるものであることを論じる。トマスの述べている具体的な教説の一つ一つに対して賛成するか否かといった次元を超えて、トマスのテクストは、現代に生きる我々に対して、肯定的な思考を身につけるための基本的な視点を与えてくれる。トマスの普遍性は、カトリック的な教説を取り去ったいわゆる「哲学的」な部分にあるのでもなければ、逆に、カトリック的な教説の「普遍性《カトリック》」のうちにあるのでもなく、読者である我々の思考に常に新たな方向づけを与えなおしてくれるそのテクストの肯定的な喚起力のうちにこそ見出されるのだ。

第一章　肯定的な感情の優位

――愛、欲望、喜び――

トマスによると、一一の基本感情は、「欲望的な感情（passio concupiscibilis）」と「気概的な感情（passio irascibilis）」とに大別される。「気概的な感情」は、善の獲得または悪の回避に「困難」が伴う場面で発現してくる感情である。それに対して、「欲望的な感情」の場合には、「困難」が伴うか否かは、どちらでもよく、関心の焦点とはならない。困難が伴おうが伴うまいが、とにかく魅力的なものへと接近し、有害なものや状況から遠ざかろうとする心の動きが「欲望的な感情」と言われている。

本章においては、「欲望的な感情」――「愛と憎しみ」「欲望と忌避」「喜びと悲しみ」――に関するトマスの論述を、「肯定的な感情の優位」という観点から分析してみたい。そして、「気概的な感情」――「希望と絶望」「怖れと大胆」「怒り」――の構造を「困難に対する直面と克服」という観点から次章において探究していきたい。[7]

一　感情の区別のための補助線

まず、これら六つの基本感情に関する全体像を大づかみに素描してから、より立ち入った考察を進めていきたい。

感情（passio）の第一の対《つい》は「愛（amor）」と「憎しみ（odium）」である。愛は善との「共鳴（consonantia）」を意味し、それに対して憎しみは悪との「不共鳴（dissonantia）」を意味している。

ここで注意しなければならないのは、「善（bonum）」という言葉で意味されているのは、単なる「道徳的善」に限定されているのではなく、「有益的善」――役に立つとの意味で善いもの――や「快楽的善」――喜びを与えるとの意味で善いもの――を含む広い意味での善であり、「価値」と言い換えてもいいような概念だという事実である（図1）。

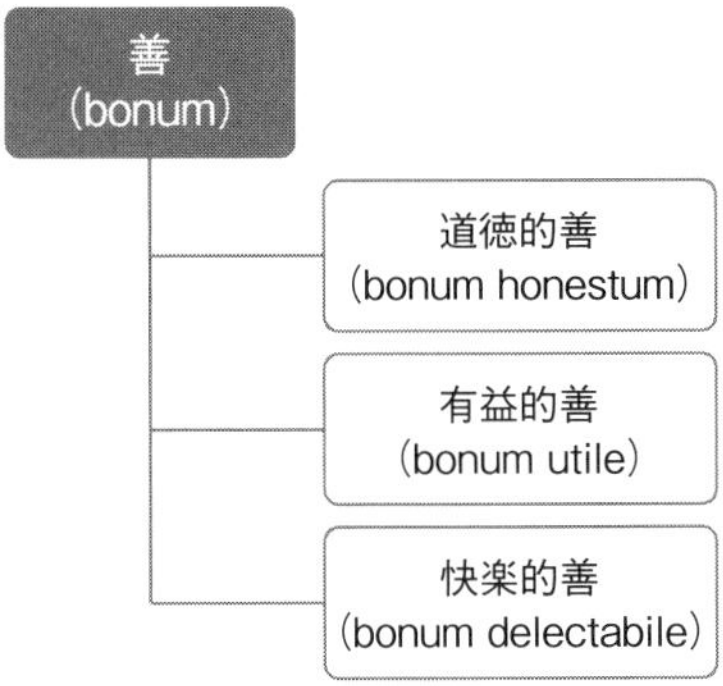

図1　多層的な意味を持つ「善」

たとえば、人を愛するとき、人柄が善いから愛する場合（道徳的善）もあれば、役に立ってくれる人だから愛する場合

(有益的善)もあれば、一緒にいると楽しいから愛する場合(快楽的善)もある。いずれにしても、愛は、魅力的な「善」に心を動かされることによって生じてくる「好感＝気に入ること(complacentia)」を意味しており、それは価値ある対象との「共鳴」とも言い換えられる。

「善」という言葉をこのような広い意味で使用するのは、きわめて特殊な用法であり、トマスは、自らの議論に都合のよいように「善」という言葉を定義しているだけではないか、とか、ラテン語のbonumにはあてはまっても、他の言語では同じようなことは言えないのではないか、との印象を持つ人がいるかもしれないが、そのような批判は必ずしもあてはまらない。

日本語で考えてみても、「よい」という言葉が道徳的な意味で使用される場面は、必ずしも多くはない。「彼はよい人だ」と言うとき、たしかに、その人が道徳的に優れた人であることを意味する場合もあるが、それだけではない。道徳的には多少の問題はあるかもしれないが、「一緒にいて楽しい人」(快楽的善)とか、「使える人」(有益的善)であることを意味する場合も多い。まして、人間以外のものが「よい」と言われるとき、道徳的な意味で使用される場面は考えにくい。「あれはよいレストランだ」と言うとき、そこで働いているウエイターやシェフが道徳的に優れた人柄を持っていると解釈されることはないだろう。素敵な雰囲気のなかで美味しい料理が提供され、喜びを与えてくれるとの意味で、「よい」レストランだと言われている。「いい男」とか「いい女」といった表現の場合も、「道徳的に優れている」といった意味は希薄であって、見栄えがよく、五感に喜びを与えてくれるとの観点が濃厚であろう。トマスは、価値のあるもの、魅力あるもの全般を「善」という言葉で意味しており、そうした広い意味での「善」が「愛」の抱かれる対象だと述べている。それに対して憎しみは、魅力的な善との関係を脅かす悪との「不共鳴」と定義される。それゆえ、愛と憎しみは同じ平面で対立しているのではなく、常に愛が憎しみに先行している。何らかの善を愛しているからこそ、それを脅かす悪に対して憎しみが生じてくるという構造になっている。

ここにおいて我々は既に、トマス感情論における肯定的な方向づけの優位を見出すことができる。愛(肯定的な感情)と憎しみ(否定的な感情)という対を成す感情に関して、愛は憎しみなしにも存在しうるが、憎しみは常に何らかの愛を前提にするのだ。

感情の第二の対は、「欲望(desiderium)」と「忌避＝回避(fuga)」である。[8] この対は、愛と憎しみの対に基づいて生じてくる。すなわち、何らかの善によって愛が呼び覚まされると、その善を実際に獲得しようとする欲望が生じてくる。対象の魅力によって心を揺り動かされることによって生じてくるのが愛であり、心を揺り動かす対象の獲得を目指す能動的な心の動きが欲望である。欲望は、まだ対象を実際に獲得していないからこそ欲望なのだから、「未来の善」に関わる感情である。それに対して、何らかの悪によって憎しみが呼び覚まされると、その対象を避けようとする忌避の念が生じてくる。忌避は、いまだその憎むべき対象に完全に捉えられてはいないからこそ生じてくる感情なのだから、「未来の悪」に関わる感情だと言える。

感情の第三の対は、「喜び(delectatio)」と「悲しみ(tristitia)」である。この対は、愛と憎しみ、および、欲望と忌避の対に引き続いて生じてくる感情である。何らかの善によって愛が呼び覚まされ、その愛に基づいて生じてくる欲望が無事に満たされると、喜びが生じてくる。喜びは、愛する善の獲得における欲望の休らいによって生じてくる心の充足感のことなのである。

それに対して、何らかの悪によって憎しみが呼び覚まされ、その憎しみに基づいて生じてくる、その悪を避けようとする忌避の念にもかかわらず、その悪に逃れようもなく捉えられてしまうと、悲しみが生じてくる。

このように、喜びと悲しみの対と、欲望と忌避の対の決定的な相違は、時間軸のなかに位置づけることによって、はじめて的確に理解できる。喜びと悲しみの対は、既に実現した現在の事象に関わっており、それに対して、欲望と忌避の対は、いまだ実現していない未来の事象に関わっている。

他方、愛と憎しみの対は、現在の事象にも未来の事象にも関わる特質を有している。なぜなら、いまだ獲得されていない善を欲望しているとき、我々はその善を愛しているからこそ欲望するのであり、また、その欲望対象を獲得したからといって愛が消滅するわけではなく、むしろ、その対象を愛しているからこそ、無事に獲得したことに喜びを感じるのだからである。

また、憎しみに関して言えば、いまだ完全に捉えられてはいない悪を忌避するとき、我々はその悪を憎んでいるからこそ忌避するのであり、また、その忌避対象に逃れようもなく捉えられてしまったからといって憎しみが消滅するわけではない。むしろ、その対象を憎んでいるからこそ、それに捉えられてしまったことに悲しみを感じるのだ。

こうして、愛と憎しみの対は、未来の事象にかかわる欲望と忌避の対と、現在の事象にかかわる

時間軸＼対象の善悪	善	悪
現在	喜び	悲しみ
未来	欲望	忌避
双方	愛	憎しみ

表１　「欲望的な感情」の分類

喜びと悲しみの対の双方の基盤にあり、現在と未来のどちらであるかに限定されない。

以上のように、愛と憎しみ、欲望と忌避、喜びと悲しみという諸感情は、善か悪か、現在か未来かという二つの補助線を引くことによって、鮮やかに分類識別できる（表1）。

様々な区別の積み重ねによる感情の分類は、いったん理解してしまうと、あまりに明瞭であるために、我々は、もともとその区別について知っていたような気さえしてしまうかもしれないが、それは、トマスがそうした区別をする前には、我々の多くが注意を明示的に向けることができていなかった区別だ。区別による分類は、我々が混乱した仕方で既に知っているものを明確化するいとなみだとも言えよう。区別が為された後では、我々には、その区別はもともと存在しなければならなかった区別であり、その区別についてずっと知っていたようにも感じられる。区別を理解した我々にとって、その区別は、トマスによって意図的に作成されたというよりは、むしろ、トマスの言葉を通じて、ふさわしい区別が、事柄全体の明瞭化へと向けて、事柄自体の側から立ち現れてきたと感じとられる。[9] こうした「区別」という方法は、感情論のなかでのみ使用されているのではなく、トマス哲学の基本的な方法論である「スコラ的方法」の要《かなめ》となっている。「スコラ的方法」に関しては、第四章においてより詳しく論じたい。

トマス哲学の根本的特徴は、しばしば「真理の明示(manifestatio veritatis)」と規定される。[10] 真理を「明示する」こと、それは、我々の日常的意識には隠されているような何らかの啓示的・宗教的な「真理」を明らかにすることのみを意味しているのではない。我々が或る意味では常に既に知っている日常的な感覚的世界の構造をあらためて明示的に取り出すことを意味している。

二　喜びと悲しみ

トマスは、『神学大全』第二部の第一部第三八問題「悲しみまたは苦しみの治療手段について」の第二項において、「苦しみまたは悲しみは泣くことによって和らげられるか」という問いを立てている。

トマスによると、「涙や嘆きは本性的に悲しみを和らげる」が、そこには、二つの理由がある。涙や嘆きが癒しの効果を有するのは、第一には、内向しつつ心を浸食し傷を深めていく悲しみの動きを中和させる仕方で、涙や嘆きは心をほどよく外へと向けなおしていくからだ。それに対して、第二の理由は次のとおりである。

第二には、人間がそのうちに置かれているところの状態に「ふさわしい＝適合した(conveniens)」はたらきは、その人間にとって喜ばしいものだからである。しかるに泣くことや嘆くことは悲しんでいる人や苦しんでいる人にふさわしいはたらきである。それゆえ、その人にとって喜ばしいものとなる。したがって、およそ喜びは悲しみや苦しみをいくぶん和らげるのだから、泣くことや嘆くことによって悲しみは和らげられる。(I-II, q. 38, a.2)

このテクストのなかで注目に値するキーワードは、「ふさわしさ＝適合性(convenientia)」という概念だ。悲しみを抱いている人にとっては、「笑う」ことではなく「泣く」ことが自然であり、その意味で「ふさわしい(conveniens)」行為である。そして人間にとって、自らの本性に反した不自然な在り方を強いられずに、自らにとってふさわしい自然な在り方を発露させうるのは、喜ばしいことだ。それゆえ、悲しみを抱いている人が、「泣く」という自らにふさわしい在り方を発露させると、ふさわしい在り方をできた喜びが生まれてくる。そして、喜びは悲しみを和らげるから、悲しみを抱いている人が「泣く」ことによって生まれてくる喜びが、「泣く」という結果を呼び起こした悲しみを和らげ癒す。

ここで注意しなければならないのは、この事例において悲しみを和らげる役割を果たしている喜びは、涙を呼び起こした悲しみと同一平面で対置されるような意味での喜びではないということである。

分かりやすくするために、身近な例として、失恋の悲しみについて考えてみよう。上掲のテクストのなかでトマスが述べているのは、恋人を失う悲しみが、その恋人との関係の修復によって生じる喜びによって癒されるといった事態ではない。そうではなく、恋人を失う悲しみを真に悲しみ、涙を流す自然なプロセスをたどること自体のなかに、自ずと心の安らぎが生まれてくる要素が含まれているということなのである。換言すれば、悲しみという否定的な感情をありのままに受けとめること自体のなかに、かすかであれ或る種の心地よさが生まれてきて、肯定的な心の在り方へとしなやかに移行していく回復力が人間精神には内在していることを、この事例は指し示している。

悲しみをありのままに受けとめ抜くこと自体のなかに悲しみの治癒の可能性が内在しているという経験的な洞察に基づきつつ、トマスは、悲しみという否定的な感情と喜びという肯定的な感情との非対称的な構造を解き明かすことを試みている。そのために、トマスは、一つの異論を提示している。第四章で詳しく説明するが、「異論」とは、トマスの論述形式における一要素である。探究される事柄に関する掘り下げた考察を可能にするために、自己自身との見解とは異なる論をトマスはあえて紹介し、多様な「異論」との対話のなかで、事柄についての多面的で柔軟な考察を展開する手法を採用している。

ここでトマスが提示している「異論」は、次のとおりである。

泣くことにおいては、悲しみをもたらす悪が我々に思い浮かべられている。だが、喜びをもたらすものを思い浮かべることが喜びを増加させるように、悲しみをもたらすものを思い浮かべることは悲しみを増加させる。それゆえ、泣くことは悲しみを和らげないと思われる。（I–II, q.38, a.2, arg.3）

経験的事実に依拠した、それなりに説得力のあるこの「異論」に対して、トマスは次のように答えている。

悲しみをもたらすものを思い浮かべることは、それ自体においては悲しみを増加させる在り方をしている。だが、そのような状態において自らにふさわしいことを為しているということを思い浮かべるまさにそのことに基づいて、そこから何らかの喜びが湧き上がってくる。そして同じ根拠に基づいて、嘆き悲しむべきだと思われる状況において笑いがこぼれてしまったならば、ふさわしくないことをしてしまっていることで苦しく思うのであり、それは、キケロが『トゥスクルム荘討論集』第三巻〔第二七章〕において述べているとおりである。（I–II, q.38, a.2, ad 3）

我々が泣くとき、我々は、悲しみをもたらす悪を思い浮かべており、そういった悪を思い浮かべることは、我々の抱いている悲しみを強化する。それと同じように、我々が笑うとき、我々は、喜びをもたらす善いこと（喜ばしいこと）を思い浮かべており、そうした善いことを思い浮かべることは、我々の抱いている喜びを強化する。その意味では、「泣くこと」は「泣くこと」の原因となった悲しみをより強めるはたらきを為し、「笑うこと」は「笑うこと」の原因となった喜びをより強めるはたらきを為す。このような意味では、「泣くこと」と「笑うこと」には、類似した構造が成立している。この範囲においては、「異論」の見解はもっともだとトマスは認めている。

だが、話はそれで終わりではない。「泣くこと」と「笑うこと」には、決定的な相違が存在している。なぜなら、泣くべきときに泣くことは、ふさわしいときにふさわしいことを為しえているという意味において、人間として自然な在り方を為しえている「ふさわしさ＝適合性（convenientia）」が快適さ（喜び）を生む。そして、その喜びが、既に生まれてきている悲しみを中和する役割を果たす。それに対して、笑うべきときに笑うことは、ふさわしいときにふさわしいことを為しえているという意味において、「笑い」をもたらした喜びにかてて加えて更なる喜びをもたらすことになる。こうして、トマスは「異論」の立場を全否定するのではなく、そのもっともな点を肯定的に受けとめつつも、より広い視野のなかに位置づけなおしている。

喜びを喜び抜くことは、更なる喜びをもたらすが、悲しみを悲しみ抜くことは、更なる悲しみをもたらすのみではなく、それ自体のなかに、喜びという相反する動きを内在させており、人間の心を積極的な平衡状態へと自ずと回復させていく力動性を孕《はら》んでいる。

トマスは、肯定的な感情を過度に抱くことを推奨することもなければ、否定的な感情を抱くことを抑止することもしない。むしろ、否定的な感情を抱くのがふさわしい状況では、否定的な感情を抱き抜くのが人間にとって適切なことだと主張している。感情は現実に対する直面から生まれてくるが、同時に、感情自体が人間が直面する一つの現実でもある。生まれてきた否定的な感情から眼を逸らすことなく直面し、それを通してその感情を生む原因となった否定的な現実に対しても心を開いて直面すること自体のなかに、否定的な感情を抱えながらもそれに打ち負かし尽くされない肯定的な精神の力が発現してくる。人間精神の有している「根源的肯定性」とでも名づけるべきこのような在り方を、トマスは、その感情論のなかで、悲しみと喜びの非対称性という論点に限らず、他にも様々な観点から浮き彫りにしている。

三　愛と憎しみ

トマスは、『神学大全』第二部の第一部第二九問題「憎しみについて」の第三項において、「憎しみは愛よりも強力であるか」という問いを立て、次のように述べている。

> 結果がその原因よりもより強力であることは不可能である。ところが、およそ憎しみは、原因として、何らかの愛から発している。それゆえ、憎しみが端的に愛よりも強力であることは不可能である。(I–II, q.29, a.3)

このテクストのなかで語られているのは、愛と憎しみとの根源的な非対称性と呼ぶことができる事態だ。我々は、しばしば、愛と憎しみを、同等の力を有する仕方で対立している二つの感情と見なしているが、トマスによると、そうではない。我々が何かを愛するとき、その基盤に何らかの憎しみがあると想定する必要は全くないが、憎しみの根底には、常に何らかの愛が存在している。

愛は、愛する者の愛されるものに対する何らかの適合性のうちに存するが、憎しみは、何らかの背馳《はいち》または不共鳴のうちにある。

ところで、何事においても、そのものに適合するもののことを、そのものに背馳するものよりも先に考察しなくてはならない。なぜなら、或るものが他のものに対して背馳的であるのは、適合するものに対して破壊的であったり妨害的であったりすることによるからである。

それゆえ、必然的に、愛は憎しみより先であり、愛されている適合的なものに対立することによらずには、何ものも憎まれることはない。こうして、およそ憎しみは愛によって引き起こされる。(I–II, q.29, a.2)

トマスがこのテクストのなかで述べていることをより明確に理解するために、具体例を用いて考えてみよう。或る人がその恋人を愛しているとき、それは、その人がその恋人に対して、どこか自らに適合する点を見出しているからだ。趣味や興味に関して通じ合う場合もあれば、自らに欠けているものを補ってくれる意味で「適合している」場合もあるであろうし、一見、両者が相反する性格を有している場合であっても、性格の相違こそが妙に馬が合う原因になっているとの意味で、「適合している」場合もあるだろう。いずれにしても、愛する者は、愛されるものが自らにとって何らかの意味で「適合している」ふさわしいものだからこそ、その相手に対して愛を抱くのだ。

そのような適合性に基づいて恋人を愛しているその人は、もしも、その恋人に対して危害を加えたり、自分とその恋人との関係を妨害するような第三者が現れてきたならば、その第三者に対して、憎しみを抱くであろう。それゆえ、そうした第三者に対する憎しみは、恋人に対する愛を前提にしてはじめて成り立っている。恋人を愛しているからこそ、その恋人を傷つける人物に対する憎しみが生まれてくるのだ。

こうして、愛はその前提条件として憎しみを必要としないが、憎しみが生まれてくるためには、その前提条件として、愛が必要である。対象との「不共鳴」である憎しみは、「共鳴」としての愛をかき乱すものであるかぎり、愛を前提にしてはじめて成り立ちうる。「何かが愛されるのとそのものに対立するものが憎まれるのは同じ根拠に属している。こうして、一つのものへの愛はそれに対立するものが憎まれる原因なのである」(I–II, q.29, a.2, ad 2)。

或る人がその恋人を愛していればいるほど、その恋人との関係を妨げる第三者に対する憎しみは強くなる。そして、恋人に対する愛が何らかの理由で弱くなっていけば、その恋人との関係を妨げられても、大きな憎しみは生まれてこなくなるであろう。その第三者に対する憎しみの強さは、恋人に対する愛の強さの関数として決まってくる。別の観点から言えば、「恋人に対する愛」という大きな土俵を前提としたうえで、その枠組みのなかで、「第三者に対する憎しみ」が「結果」として生まれてきているのであり、その意味において、「恋人に対する愛」が「第三者に対する憎しみ」よりも強力なのだ。

この場合の「強力」とは、たとえば脳科学者が脳に電極をつなぎ、それぞれの感情が抱かれている時点における脳の或る部位の反応の「強さ」を測定し、どちらの反応の方が強いか数値的に比較する、といった意味での「強さ」ではない。そうではなく、感情の動きの論理的な構造に基づいて、愛が憎しみの発生しうるための大前提として、憎しみに基本的な土俵を提供するものであり、人間をより根源的な次元で動かすものであることを意味している。換言すれば、愛によってまず動かされていなければ憎しみによって動かされることも不可能だとの意味で、愛が憎しみよりも「強力」だと述べられている。

ところが、トマスによると、ときには、憎しみの方が愛よりも強力だと思われることがある。トマスはその理由を二つ挙げているが、まずは、二つ目の理由から見てみよう。

第二には、憎しみが、それに対応している愛と比較されないからである。なぜなら、諸々の善の相違に基づいて、大きさと小ささにおける愛の相違が存在しているのであり、対立する憎しみがそれらに対応しているからである。それゆえ、より大きな愛に対応している憎しみは、

より小さな愛よりも一層多く〔人を〕動かす。（I–II, q.29, a.3）

トマスは、このような仕方で生まれてくる愛よりも大きな憎しみの具体例として、「快楽を欲求するよりもむしろ苦痛を避けない人はいない」というアウグスティヌスの言葉（『八三問題集』第三六問題）を解釈している。トマスによると、たしかに、「苦痛への憎しみ」の方が「快楽への愛」よりも一層強力なのだが、だからといって、憎しみ全般が愛全般よりも強力だと帰結するのではない。というのも、「苦痛への憎しみ」に対応するのは、「自己保存への愛」であり、「自己保存への愛」は、「快楽への愛」よりも一層強力である。なぜならば、そもそも「自己保存」が成り立っていなければ、「快楽」も生まれてきようがないからである。こうした意味で、「より大きな愛に対応している憎しみ」――すなわち「苦痛への憎しみ」――は、より小さな愛――「快楽への愛」――よりも一層多く人を動かす。つまり、真に比較すべきなのは、憎しみと愛の強さではなく、異なる愛同士の強さなのである（I–II, q.29, a.3, ad 1）。

より注目すべきなのは、憎しみの方が愛よりも強力だと思われる理由としてトマスが挙げている一つ目の理由だ。

第一には、憎しみは愛よりも一層感じとられやすいからである。感覚の知覚は何らかの変化のうちに存するから、何かが既に変化させられていると、まさに変化させられているときのようには〔強く〕感じとられなくなる。だからこそ、消耗熱の熱は、一層高いにもかかわらず、三日熱の熱ほどには感じとられない。なぜなら、消耗熱の熱は既にいわば習慣と本性になってしまっているからである。
このゆえにまた、愛されているものが不在のときには、愛はより強く感じとられるのであり、それは、アウグスティヌスが『三位一体論』第一〇巻〔第一二章〕において「愛は、欠乏がそれを提示しないときには、さほど〔強く〕感じとられない」と言っているとおりである。このゆえにまた、憎まれるものとの背馳は、愛されるものとの適合性よりもより敏感に知覚される。
(I-II, q.29, a.3)

長期間続く消耗熱の場合には、非常な高熱が出ていても、さほど強く感じとられなくなっている。それは、高熱が常態化しているため、異常事態としてよりは、むしろ自然なものと受けとられるようになってしまっているからである。それに対して、三日熱の熱は、たいして高くなくても、常態化していないために、異常事態として違和感をもって受けとめられやすい。体温計などを使用して客観的に測定するならば、消耗熱の熱の方が三日熱の熱よりも高い数値が出るにもかかわらず、実際の体感としては、三日熱の方が一層高いと感じとられる。ほんの数日前の常態からの「変化」が、違和感を伴って「一層感じとられやすい」からである。

それと同じように、対象との「適合性」をその本質としている愛は、非常に強いものであっても、常態化して自然なものと受けとめられやすいので、さほど強く感じとられないようになる。それに対して、対象との「不共鳴」である憎しみは、それほど強くなくても、「違和感」として、とても強く感じとられやすい。足に刺さった棘《とげ》が、微小であっても、「違和感」を与えるものとして非常に強く感じとられやすいように。

だが、ここで我々は、一つの疑問に直面せざるをえない。なぜなら、体温計などを使用して客観的に数値化しやすい熱の場合とは異なり、憎しみや愛のような感情の場合には、「感じとられる」からこそ感情なのであって、感じとられてはいないが感情は存在しているのだ、とか、強く感じとられてはいないが、実際にはその感情は非常に強力なのだ、と見なすことには、何かおかしな点があるようにも見受けられるからである。

逆に言うと、この疑問を解消しうる仕方でトマスのテクストを読解することのうちにこそ、彼の感情論を正確に理解するための鍵がある。すなわち、感情とは、主観的に「感じとられる」からこそ感情であるわけでは必ずしもない。「憎しみは愛よりも強力であるか」という問いに対する解答の末尾で、トマスは「より大きな愛に対応する憎しみは、より小さな愛よりもより多く〔人間を〕動かす」(I-II, q.29, a.3)と述べている。感情の本質は、単に主観的に「感じとられる」か否かという点ではなく、人間存在全体をその深層において「動かす」原動力として捉えられている。

トマスの述べていることをより生き生きと理解するために、身近な具体例に基づいて考えてみよう。たとえば、私の愛している友人を傷つける第三者に対して私が強い憎しみを感じるとき、私の思いはその第三者に対する憎しみでいっぱいになっており、常態化している友人への愛をあらためて強く感じとることはないかもしれない。だが、私の心を強く揺り動かす憎しみへと私を突き動かしているのは、私と友人との深い絆であり、あらためて強く意識することもないほどまでに空気のように常態化しつつ私の存在全体を常に既に深く規定しているその友人に対する愛なのだ。違和感としての憎しみが愛よりも強く「感じとられる」ことがあるという事実は、憎しみの愛に対する優位を意味するどころか、むしろ、憎しみという否定的《ネガティブ》な感情の起動力となるような仕方で、私の心のなかの通奏低音として鳴り響き続けている肯定的《ポジティブ》な感情である愛の根強さを証している。

四　欲望と忌避

肯定的な感情の運動の系列である「愛」「欲望」「喜び」と、否定的な感情の運動の系列である「憎しみ」「忌避」「悲しみ」という二つの三つ組みの対比は、トマス感情論の中核的な骨組みを成している。本節では、「愛」「欲望」「喜び」という肯定的な感情の連鎖の構造を、「欲望」を軸に考究したい。

トマスは、『神学大全』第二部の第一部第三〇問題「欲望について」の第二項において、同じく肯定的な感情の運動に属する「愛」「欲望」「喜び」の区別に関して、次のように述べている。

目的または善そのものの有する起動力には、それが実際に現前しているか、それとも不在であるかに基づいて、別々の特質がある。なぜなら、〔目的や善は〕現前していることに基づいては、そのうちに休らわせるが、不在であることに基づいては、そのうちへと運動させるからである。

それゆえ、感覚に基づいて喜ばしいものそのものは、欲求能力(appetitus)を自らに何らかの仕方で適合させ(adaptare)合致させる(conformare)かぎりにおいて、「愛(amor)」を引き起こす。それに対して、不在であり自らへと引き寄せるかぎりにおいて、「欲望(concupiscentia)」を引き起こす。他方、現前してそのうちに休らわせるかぎりにおいて、「喜び(delectatio)」を引き起こす。(I-II, q.30, a.2)

このテクストにおいて、「欲求能力(appetitus)」と「欲望(concupiscentia, desiderium)」は一見紛らわしい概念となっているが、この両者は根本的に異なった概念であり、はっきりと区別する必要がある。簡潔にまとめると、「欲求(appetitus)」とは、人間の心が有している「能力・可能態(potentia)」の一つであり、それに対して、「欲望(desiderium)」とは、その「欲求能力(appetitus)」が外界の刺激によって現実化して生まれてくる心の動き(感情passio)の一つである。ところが、場合によっては、appetitusという語がconcupiscentia, desideriumと同様に「欲望」を意味することもあるので、文脈に応じて判断する必要がある。

このテクストの第二段落における、欲望と喜びの区別は、比較的理解しやすい。欲望はいまだ実現していないからこそ欲望なのであって、自らを引きつけている魅力ある善がいまだ手に入っていないからこそ、すなわち「不在」だからこそ、欲望という心の動きが持続している。他方、喜びは、魅力的なものが既に「現前」しているからこそ、つまり自分のものとして手元にあるからこそ、生じてくる感情なのだ。こうして、欲望と喜びとの区別は、「不在の善」と「現前している善」との区別、または、「未来の善」と「現在の善」との区別に対応している。

それに対して、「感覚に基づいて喜ばしいものそのものは、欲求能力を自らに何らかの仕方で適合させ合致させるかぎりにおいて、愛を引き起こす」との言明は、一見、分かりにくい印象を与えるかもしれない。なぜなら、「喜ばしいもの」と「欲求能力」が既に「合致」しているのであれば、すなわち、「喜ばしいもの」が既に現前しているのであれば、そこに生まれているのは喜びであるはずだから、喜びと愛の区別が不明確になってしまうようにも思われるのである。

この問題の解決の手がかりとなるのは、トマスが「一致(unio)」の概念を二つに場合分けしているという事実だ。すなわち、「愛する者」と「愛されるもの」との関係において、二種類の「一致」が存在している。一つは「実在的な一致」であり、もう一つは「心の適合性に基づいた一致」である。前者は、「愛されているものが愛する者に対して現在的な仕方で現存している」場合である。トマスによると、これは、「愛の結果」としての「一致」であり、愛する者が愛されるものについて追い求めているところの「一致」である。このような「一致」の実現によって、喜びが生まれてくる。

他方、「心の適合性に基づいた一致」の方は、より微妙な「一致」である。それは、「本質的に愛そのものである一致」とも言われる。誰かが何かに心を打たれてそれを好きになってしまうと、その「誰か」は「愛する者」となり、「何か」は「愛されるもの」となる。そのとき、その「何か」は、深く気になる存在として、「愛する者」の心のなかに住み始める。「愛する者」は、何をしていても、その「何か」が気になってしまい、その「何か」を抜きにしては自分のことを考ええなくなるほどまでに、その「何か」は「愛する者」のアイデンティティの不可分な構成要素となる。誰かが或る人の魅力に打たれ、心を強く揺り動かされるとき、まだその相手との親しい関係が成立していない時点であっても、その相手は、その人の心に適う存在として、その人の心と切り離せない在り方で、心のなかに深く住み始めるようになる。こうした事態を、トマスは「心の適合性に基づいた一致」と呼んでいるのだ。

こうした「心の適合性に基づいた一致」としての「愛」を、トマスは、他にも様々な魅力的な表現を使って形容している。「愛されるものの刻印(impressio)」(I, q.37, a.1)、「欲求されうるものから被る欲求の第一の変化(immutatio)」(I–II, q.26, a.2)、「善による欲求自体の何らかの形相づけ[11]」(『希望について』a.3)といった表現がその代表的なものである。「愛されるもの」「欲求されうるもの」「善」はすべて魅力的な価値あるものを別の観点から捉えた表現であるが、そういった価値あるものから心を揺り動かされ、変化させられ、魅力的なものが心のなかへと刻みこまれるような仕方で「愛」は生

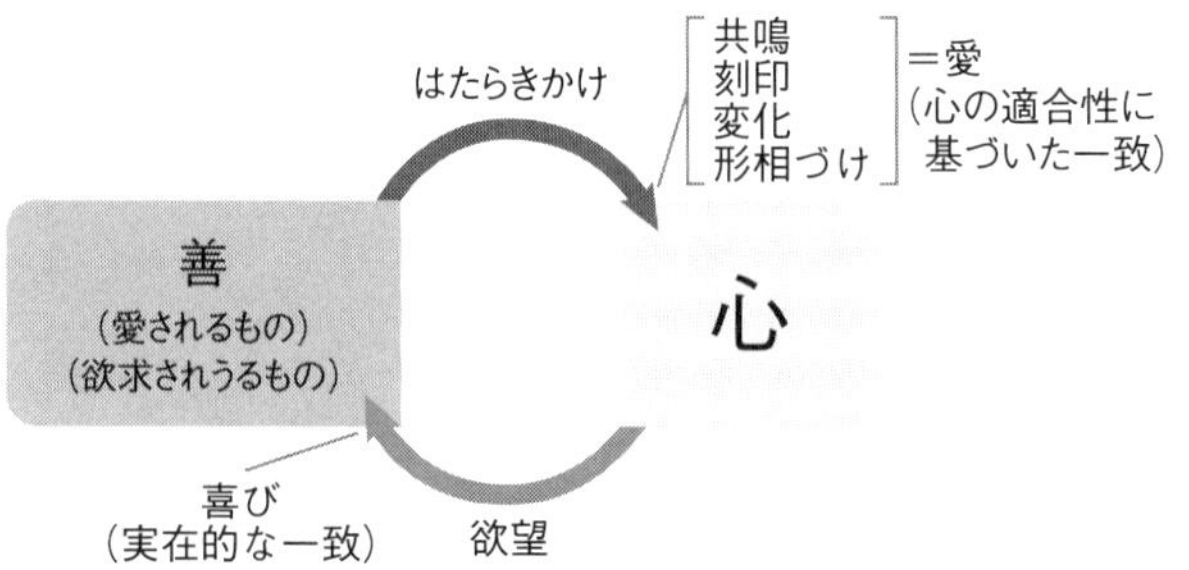

図２「一致」としての「愛」

まれてくる。「愛」という「感情」は受動的な仕方で生じてくるのである。だからこそ、日本語では「感情」と「受動」という仕方で二つに訳し分けざるをえないような意味の広がりを、passioという一つのラテン語が有しているのである[12]（図２）。

「心の適合性に基づいた一致」など、単なる主観的な思いこみにすぎず、「実在的な一致」と比べればほとんど価値がないと思われるかもしれないが、それは誤解だ。たとえば、或る男性が、長らく片想いをしていた女性と、ようやく親しくなり、その後、段階を踏んで結婚までこぎつけ共同生活を始める「実在的な一致」が実現したとしよう。だが、もしもそのとき、何らかの理由で、既にその男性がその女性に対してそれまで抱いていた強い思いを失っていたとしたならば、たとえ外見的には両者のあいだに「実在的な一致」が実現していても、そのような「実在的な一致」は、気の抜けたビールのようなものであって、実質的な意義はきわめて希薄だと言えよう。その男性がその女性に対して「心の適合性に基づいた一致」――馴染みや相性のよさ――を抱き続けているからこそ、「実在的な一致」にも意味と価値が生じてくる。

その意味で、「愛そのもの」である「心の適合性に基づいた一致」とは、「実在的な一致」が実現する前の単なる主観的な準備状態にすぎないのではない。それは、「実在的な一致」にその真の意義を与える持続的で中核的な原理なのだ。

以上の論述によって、愛と欲望と喜びの区別を明確化する手がかりが獲得された。愛は「心の適合性に基づいた一致」を意味し、喜びは、「実在的な一致」の実現によって生まれてくる。そして、「実在的な一致」が実現するとき、「心の適合性に基づいた一致」は消滅してしまうどころか、「実在的な一致」によって生まれてくる喜びの重要な構成要素・前提条件として留まり続けている。

このように、それぞれ別の意味ではあるが、愛と喜びは、どちらも「一致」を含意している。それに対して、欲望は、「心の適合性に基づいた一致」は既に実現しているものの、「実在的な一致」はいまだ実現していない段階だと規定できる。欲望とは、「心の適合性に基づいた一致」と「実在的な一致」という二つの「一致」のあいだの「不一致」に基づいた運動なのだ。自らがどのような対象と「実在的な一致」を果たしたいのかは「心の適合性に基づいた一致」によって自覚しつつも、現実的にその対象との「実在的な一致」をいまだ果たしていない緊張感が、人を、対象へと接近すべく強く促すのであり、それこそが欲望にほかならない。

我々は、しばしば、欲望が人生の原動力だという言い方をするが、トマスの言葉遣いに基づいて言うならば、人生のあらゆる活動の原動力は愛である。それならば、欲望とは何か。それは、一言で言うならば、人間のアイデンティティの中核的な構成要素としての「不一致」なのである。

人が、自己の在るべき在り方、自己にとって望ましい在り方、それこそが真の自己だと言えるような本来的な自己、そのようなものに対するイメージを心のなかでありありと描きつつも（「心の適合性に基づいた一致」）、いまだ現実的にはそこまで届いていないという否定性・欠如性、そしてそういった欠如を埋めてくれる善き対象への止めえない衝動、これが欲望なのだ。

英語のwantという語が、「欲望」という意味と同時に「欠乏」や「欠如」という意味をも合わせ含んでいる事実からも読みとれるように、「欲望」を抱えて生きることと、「欠如」を抱えて生きることとは、同じコインの表と裏のようなものなのだ。「心の適合性に基づいた一致（＝愛）」が実現しているにもかかわらず、「実在的な一致（＝喜び）」はいまだ実現していないという「欠如」が引き起こす、欠如の充足への衝迫、それが欲望なのである。

トマスは、愛に関しては三つの問題を割り当て（第二六―二八問題）、喜びについては四つの問題を割り当てている（第三一―三四問題）。それに対して、欲望に関しては、たった一つの問題しか割り当てていない（第三〇問題）。また、欲望と対立する感情である「忌避＝回避（fuga）」に至っては、一つも問題を割り当てずに、他の感情について言及するさいに合わせて解説するに留まっている。

このように、諸感情に関する論述全体のなかで、欲望と忌避に関して、トマスがあまり紙数を割いていないのを見ると、欲望や忌避は、我々の生において、他の諸感情と比べるとたいした重要性を有していないという印象を持つ人がいるかもしれないが、そうではない。

我々の日常生活について考えてみたときに、たしかに、新たな愛を抱いたり、長らく抱いていた欲望が実現した喜びを味わったりする瞬間もときに訪れてくるものの、日常生活の大半は、欲望を実現するプロセスに費やされていることが分かる。

たとえば、ピアノの演奏に愛を抱き始めた少年が、ピアニストになりたいという強い思い（＝欲望）を抱き、練習の日々を過ごし、長年の研鑽の成果が実って首尾よくピアニストになれた喜びを味わっているとしよう。その場合、彼がピアノの演奏に愛を抱き始めるようになった一連の経緯や、ピアニストになれた喜びをかみしめている時間と比べ、彼が様々な困難に直面しつつもピアニストになる欲望を抱き続けている期間、すなわち、欲望を実現していくプロセスが相対的に長いものであることは明白であろう。

そして、ピアニストになる欲望を実現するための妨げになる悪を忌避する心的な構えも、その少年の心のなかに常に持続し続けている。ピアニストの命とも言える手に損傷を与えるようなあらゆる事物や機会が、悪として、怖れと回避の対象となる。そのような悪の回避が人一倍真剣に行われるのは、ピアニストになるという善への欲望を前提にしてはじめて説明可能だ。「悪の回避」という消極的な在り方は、「善への欲望」という積極的な在り方を前提にしてはじめて成立しうる。

欠如しているから、自分のなかに不一致を抱えているから、だからこそ、欲望が生まれてくる。だが、それは事柄の一面にすぎない。欲望という「不一致」は、愛という「一致」と喜びという「一致」とのあいだに架けられた橋のようなものだ。究極的には、人間は自らのなかに「不一致」

を抱えているから欲望を抱くのではなく、自らのなかに愛という「一致」を既に有しているからこそ、欲望を抱くのである。

たとえば、異国の図書館に所蔵されている稀覯本《きこう》を見に行く欲望を或る人が抱くのは、その人がいまだその書物を見たことがないからだ。その人とその書物との「不一致」が、その人のその書物に対する欲望を生み出している。だが、より大きな土俵に位置づけるならば、その人が既にその書物と「心の適合性に基づいた一致（＝愛）」を実現しているからこそ、すなわち、その書物がその人の心に適うものだという手応えを何らかの形で既に得ているからこそ、その人はその書物を実際に手に取りたいとの欲望を抱く。更には、その人が書物を愛する人間だというより基本的な自己同一性《アイデンティティ》が前提になってはじめて、その個別的な書籍に対する愛や欲望もまた生まれてくる。

そうした意味で、「欠如」としての具体的な欲望を抱きうること自体が、我々の存在の充実した安定性と根源的な発展可能性の表現だと言える。「不一致」である欲望が、「一致」としての愛を前提にして生まれてきて、更には、より内容豊かな「一致」である喜びへと差し向けられているという構造のなかに、常により充実した世界と自己との肯定的な関係の実現へと向けられた人間存在の根源的な動的性格が表現されている。

第二章　困難に対する直面と克服

本章では、気概的な感情――「希望と絶望」「大胆と怖れ」「怒り」――について、「困難に対する直面と克服」という観点から分析していきたい。

一　気概的な感情の全体像

まずは、本節において、気概的な感情のそれぞれについて荒削りに素描し、それを踏まえたうえで、次節以下で、それぞれの感情に関するより立ち入った考察を進めていく。

「気概的な感情」の第一の対《つい》は「希望(spes)」と「絶望(desperatio)」である。何かが希望の「対象」になるための条件は、次の四つだ。第一条件は「善であること」、第二条件は「未来のものであること」、第三条件は「獲得困難なこと」、第四条件は「獲得可能なこと」である。それに対して、何かが絶望の「対象」になるための条件は、第三条件までは希望と全く同一であり、第四条件が「獲得不可能なこと」である点のみが異なっている。すなわち、希望は「獲得困難ではあるが獲得可能な未来の善に対する接近」であり、絶望は「獲得困難な度合いが高すぎて獲得不可能な未来の善からの退避」である。希望と絶望という心の動きには、一見そう思われるよりも多くの共通点があるのであり、その含意は、次に述べる絶望と怖れの区別によって、より明らかになる。

「気概的な感情」の第二の対は、「怖れ(timor)」と「大胆(audacia)」である。トマスによると、怖れは「抵抗困難な未来の悪からの退避」を意味しており、それに対して、大胆は「困難な未来の悪への接近」を意味している。怖れに関して着目すべき点は、同じく否定的な感情でありつつも、絶望が善を対象にしているのに対して、怖れは悪を対象にしているという興味深い対比が為されていることだ。絶望は、誰もが陥りたくない否定的な感情だが、人間は悪に絶望するわけではない。そうではなく、善を獲得できないことに絶望するのであり、絶望の対象はあくまでも善なのだ。それは、同じく否定的な感情である怖れが、悪を怖れるのとは決定的に異なっている。我々が通常、曖昧な仕方で「否定的な感情」として一緒くたに分類しがちな複数の感情について、トマスは独自の区別の駆使によって、明確に分類することに成功している。このような区別は、単なる概念的・抽象的な区別に留まるのではなく、我々が自らの心の動きをふさわしく理解して適切な方向にコントロールしていくさいにきわめて有効な生の技法を提示している。

最後に「怒り(ira)」であるが、怖れと大胆という対と、怒りの相違は、時間軸のなかに位置づけ

対象の善悪 ／ 対象への接近と後退	未来の困難な善	未来の困難な悪
接近	希望	大胆
後退	絶望	怖れ

「怒り」は、既に現在のものとなった困難な悪に関わる。

表2　「気概的な感情」の分類

ることによって明らかになる。というのも、怖れと大胆は、「未来の悪」に関わるという点では共通しており、そこから「退避」するか「接近」するかという方向の違いがこの二つの感情を区分けする。それに対して怒りは、既に現在のものとなってしまった悪と関わる感情なのである（表2）。

怒りに関するトマスの議論において着目すべき点は、上述の他の諸感情とは異なり、怒りには対立する感情がないとされている点だ。愛に関しては、愛しているか愛していないかという対立のみではなく、愛しているか憎んでいるかという対立が存在する。喜びに関しても、喜んでいるか喜んでいないかという対立のみではなく、喜んでいるか悲しんでいるかという対立が存在する。それに対して怒りの場合には、怒っているか怒っていないかという対立のみが存在しており、怒りの正反対の感情は存在しない。逃れようのない仕方で悪が既に現在のものとなっているため、悪に対して「怒り」を抱いて立ち向かっていくか諦めるかという選択肢しかなく、諦めるさいには、「悲しみ」という「欲望的な感情」が生まれてくるのみだから、「怒り」と対になる「気概的な感情」——困難に関わる感情——は存在しないのである。

二　希望と絶望

「希望（spes）」と「絶望（desperatio）」は、通常、正反対の感情だと理解されている。トマスも、たしかに、希望と絶望を、対立する感情として分類している。だが同時に、彼は希望と絶望の内実を分析することによって、両者が単純な意味で正反対とは言えないことを明らかにしている。

トマスは、『神学大全』第二部の第一部第四〇問題「気概の諸感情について。第一に、希望と絶望について」[13]の第一項において、「希望は欲望（desiderium）または欲（cupiditas）と同一であるか」という問いを立て、何かが希望の対象となるための四つの条件を列挙しつつ、他の諸感情と希望との区別を明確化している。

希望の対象の第一の条件は、「善であること」だ。この場合の善とは、第一章の第一節でも述べたように、単に狭義の「道徳的善」のみではなく、「快楽的善」や「有益的善」をも含む広い意味での善であり、「魅力的なもの」全般を意味する概念として、「価値」と言い換えてもかまわないような言葉だ。このような意味における善のみが希望の対象となりうるのであって、誰も、悪しきものすなわち価値のないものや価値を破壊するものを希望する人はいない。この第一の条件によって、希望は怖れと区別される。なぜなら、よいこと、価値のあることを怖れることはなく、悪しきこと、価値を破壊するものこそが怖れという感情の対象となるのだからだ。「これほどよいことばかり起こるとは怖いくらいだ」と或る種の怖れを表現する場面があるかもしれないが、そういった場合であっても、「これほどよいことばかり続くのは不思議だ。どこかに落とし穴があって、いずれとんでもない悪しき事態に巻きこまれてしまうのではないか」というように、実際には、善ではなく悪こそが怖れの対象になっていると考えざるをえない。

希望の対象の第二の条件は、「未来のものであること」だ。なぜならば、既に所有されている現在のものには希望は関わらないからだ。この点において、希望は喜びと異なっている。というのも、喜びは「現在の善」に関わっているからだ。換言すれば、欲求されていた価値のあるものが既に獲得されて、いま現在自らの手元にあるからこそ、喜びが生まれてくる。反対に、希望の対象は、いまだ獲得されていないからこそ、希望の対象なのであって、既に実現していることや既に獲得されているものは、当然ながら希望の対象とはならない。

希望の対象の第三の条件は、「獲得困難なこと」である。すぐに獲得できる力を自らが有している些細な対象に関しては、「希望する」という言葉遣いはせずに、単に、「欲しがる」とか「欲望する」と表現するのが通常だからである。たとえば、「今日は夕食を食べることを希望している」と誰かが言うのを聞くと、通常であれば、何か極端な表現だという印象を受ける。だが、前日に大震災が起き、大混乱のなかで夕食を食べられなかった、そして今日もどうなるか分からない、という状況であれば、「今日は夕食を食べることを希望している」という発言は、違和感なく受けとめられるだろう。なぜならば、「夕食を食べること」に伴う困難が予想されるからだ。

以上、何かが希望の対象となるための四つの条件のうちの三条件までの分析を、トマスの論述に即しながら進めてきた。これまでの論述で注意すべき点は、新たな条件の付加によって、それまでの条件だけでは区別できなかった諸感情のあいだに新たな区別が確立されていく構造になっている事実だ。第一の条件「善であること」のみでは区別されなかった希望と喜びが、第二の条件「未来のものであること」の付加によって区別される。そして、第一と第二の条件を合わせた「未来の善であること」のみでは区別されなかった希望と欲望が、第三の条件「獲得困難なこと」の付加によって区別される。このような構造を前提にしつつ、最後の第四の条件を検討してみたい。

希望の対象の第四の条件は、「獲得可能なこと」である。なぜなら、人は、どうしても獲得できないものを希望することはないからだ。そして、この「獲得可能」という第四の条件によって、希望と絶望が区別されてくる。

ここで注目すべきことは、第四の条件の付加によってはじめて希望と絶望が区別されてくるということ、換言すれば、「獲得困難な未来の善」に関わるという第一から第三の条件だけでは希望と絶望を区別できないという事実だ。そうすると、希望と絶望とは、単純な意味で正反対の感情なのではなく、四条件のうちの三条件までもが共有されていることが判明する(図3)。

希望という肯定的《ポジティブ》な響きのある感情が善に関わるのであれば、絶望という否定的《ネガティブ》な響きのある感情は悪に関わるのではないかと我々は考えがちだが、そうではないとトマスは述べている。たしかに、同じく否定的な響きのある感情である怖れの場合には前述のように悪を怖れるのだが、人は、悪について絶望するのではなく、望んでいる善が困難すぎて、自分には到達できないことに絶望する。たとえば、志望大学への合格を希望しつつ熱心に勉強している高校生が、直前の模試で悪い判定が出て絶望する場合に、その高校生は、自らの希望の対象であった志望大学が実は悪であったと絶望するわけではない。魅力的な価値のある善い大学が存在するにもかかわらず、自らはそこに到達できない、と絶望するのだ。

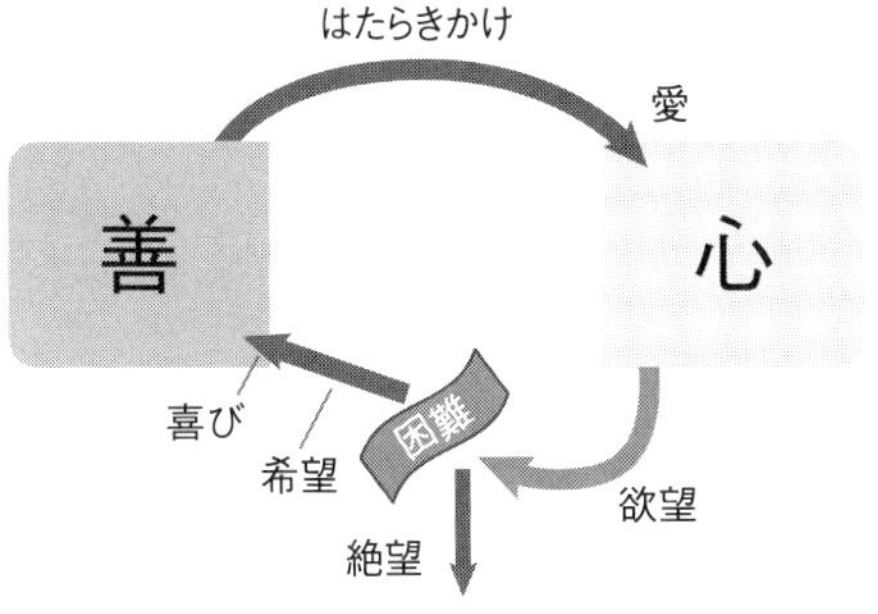

図３　希望と絶望

だが、たとえ絶望が善に関わる感情であっても、やはりそれが否定的な感情である事実には変わりがないのであって、絶望という感情自体には、好ましい要素は何もないのではないだろうか。それとも、絶望という感情にも、何かしら好ましい側面も存在しているのだろうか。

トマスの感情論全体のなかで、希望と絶望に割かれている紙数は非常に限定されており、全二七問題のうちの一つの問題のみが希望と絶望に割り当てられている。これは、喜びに関しては四つの問題が割かれ、悲しみについては五つの問題が割かれているのと比べると、非常に少ない紙数だ。そのため、「喜びの善さと悪さについて」(第三四問題)とか「悲しみまたは苦しみの善さと悪さについて」（第三九問題）といった、感情の善悪に関わる問いは、希望と絶望に関しては立てられていない。

だが、トマスが様々な箇所で述べている見解を総合的に捉えると、絶望の善悪に関して、以下のような洞察を得ることができる。

まず、基本的には、或る種類の感情の全体を一括りにしてその善し悪しを語ることはできず、その感情の一つ一つの個別的な事例の善し悪しを吟味する必要があるというのが、トマスの基本的な見解である。たとえば、「愛」や「憎しみ」という感情について、すべての「愛」は善いとかすべての「憎しみ」は悪いと語ることはできない。「正義への愛」や「子供への愛」は善いが、「不正への愛」や「不倫の愛」は善いとは言えない。また、「恩人への憎しみ」は善いとは言いにくいが、「不正への憎しみ」は善い。「愛」や「憎しみ」の個別的な事例の具体的な吟味なしに、すべての「愛」は善いとか悪いとか語ることはできないのだ。だが、ごく一部の感情に関しては例外もあるとトマスは述べている。

トマスは、『神学大全』第二部の第一部第二四問題「魂の諸感情における善と悪について」の第四項において、「或る感情はその種に基づいて善または悪であるか」という問いを立て、「醜悪さに対する怖れ」である「廉恥心」は常に善きものであり、「他者の善に対する悲しみ」である嫉妬は常に悪しきものだと答えている。

すなわち、嫉妬という感情は、然るべき時に然るべき相手に対して然るべき程度に持つのであれば好ましい感情になるということはない。他者の幸せや他者への善き事態の到来を苦々しく感じるという意味で、常に好ましからざる感情なのだ。実際、「私はいま非常に悲しい」とか「私はいまとても怖れている」というように、悲しみや怖れといった否定的な響きのある感情を他者に向けて表現することは多くの場合自然に為されるが、「私はあなたに嫉妬している」と堂々と表現することは、よほど特殊な文脈でしか為されないであろう。嫉妬という感情は、隠すべき好ましからざる感情として通常受けとめられている。

また、「廉恥心」に関して言うならば、「醜悪さに対する怖れ」と定義されるこの心の動きのうちには、既に、「倫理的にふさわしくないことを自分が為してしまうのではないかと怖れ控える」という仕方で、倫理的に好ましい節度が定義上含みこまれているため、それが「廉恥心」と呼ぶべき感情であるかぎり、自ずと善きものだということが帰結する。

このテクストにおいて注目に値するのは、トマスが、「或る感情はその種に基づいて善または悪であるか」という問い、すなわち、個別的事例の詳細を分析せずとも、或る種類の感情の全体が一括して善きものであったり悪しきものであったりするか否かという問いに対して肯定的に答えているにもかかわらず、そこで挙げられている事例は、怖れという感情の下位区分である「羞恥心《しゅうち》」と、悲しみという感情の下位区分である「嫉妬」という、いくぶん特殊な感情に限定されており、より一般性の高い他の諸感情については特に言及されていない点だ。トマスが基本的な感情として分類している一一の感情の種類——愛・憎しみ・欲望・忌避・喜び・悲しみ・希望・絶望・怖れ・大胆・怒り――に関しては、トマスは特に何も言及していない。この事実は、これらの感情に関しては、「種」として常に善いか悪いかという次元で善し悪しを問題にはできず、個別的な事例を吟味する必要があるとトマスが考えていることの徴《しるし》と思われる。それでは、希望と絶望の善し悪しについては、どのように考察するべきであろうか。

この問題を考察するための手がかりは、「若者と酔っぱらいには希望が豊かにあるか」と題された、一見奇妙で無関係にも思われる項のうちにある。トマスは、この問いに対して肯定的に答えているが、若者が希望に満ちている理由は、希望の対象が有する「未来のもの」「険しいもの」「可能なもの」という条件に基づいて捉えられている。

第一に、若者は未来に富み過去に乏しいがゆえに、過去に関わる記憶はさほど有さず、未来に関わる希望のうちに生きている側面が強い。第二に、「若者は本性の熱気のゆえに多くの精気を有しており、それゆえ心臓が広げられている。ところで、心臓の広さに基づいて、人は険しいことへと向かう。それゆえ若者は覇気に溢れ希望に満ちている」(I-II, q.40, a.6)。このテクストは、中世的な自然学を前提にした表現となっているが、若者の有する身体的な活力が、困難に立ち向かう原動力となるとされている。第三に、挫折や障害に対して未経験な若者は、物事が自分にとって可能だと見なしやすいがゆえに、希望を抱きやすい。

トマスのこの論述は、具体的で理解しやすいが、直前の項でトマス自身が述べていることと齟齬《そご》を来しているようにも思われる。というのも、いま紹介した若者が希望に満ちている理由が述べられている箇所の直前の項は、「経験は希望の原因であるか」と題され、「経験」は絶望よりはむしろ希望の原因となるということが述べられている。それは、若者は「未経験」であるがゆえに希望に満ちているというトマスの論述と矛盾しているようにも思われるのである。

　トマスによると、経験が希望の原因であるのは、次のような構造に基づいている。希望の対象は、困難だが獲得可能な未来の善だから、何かが希望の原因となりうるのは、それが何かを人間に可能にしてくれるからか、または、何かが可能だと評定させてくれるからだ。前者は、人間の力・行為遂行能力を実際に増加させるものであり、後者は、自己の行為遂行能力に対する評価を増大させるものだ。

　前者の具体例としてトマスが挙げているのは、富と（身体的な）力強さ、そしてとりわけ、「経験」である。経験によって、人間は物事を容易に為しうる能力を獲得できる。経験の積み重ねによって、以前はできなかったことを為せるように次第に成長していき、その結果、困難なことも達成可能になっていく。それは、まさに、我々の「経験」に照らしても、分かりやすい道理だと言えるだろう。

　後者の意味では、何かが自分には可能だと評定させてくれるものはすべて希望の原因となる。たとえば他者による教育や説得は、希望の原因だとトマスは述べている。独りよがりな思いこみに基づいて「絶望」している人が、自らの卓越した状況打開能力に自信を持つように説得されることによって、「希望」を抱き始めるといった場合のように。

　そして、この意味では、「経験」は、希望の原因となる場合もあれば、希望が欠落する原因となる場合もある。なぜならば、経験によって、それまでは不可能だと見なしていた事柄が自分にとって可能なのだという評定が生まれてくることがありうるが、反対に、それまでは可能だと見なしていたことが自分には可能ではないのだという評定が生まれてくる可能性もあるからだ。

こうして、結局、「経験」は、二通りの意味で希望の原因となり、希望の欠落の原因となるのは一通りにしかすぎないから、どちらかといえば希望の原因と言える。

そうすると、トマスは、一方では、経験をより多く積んだ人物すなわち年齢を多く重ねた人物ほど希望を持ちやすいと述べるとともに、他方では、若者の方が大人よりも希望を持ちやすいと述べていることになる。この二つの相反するように思われる立場は、どのように統合されているのであろうか。その手がかりとなるのは次のテクストだ。

> 愚かさと無経験は、いわば付帯的な仕方で希望の原因となりうるが、それは、何かが不可能だということがそれによって真なる仕方で評定されるところの知識を取り除くことによってである。それゆえ、無経験が希望の原因であるのは、経験が希望の欠落の原因であるのと同じ根拠に基づいている。（I–II, q.40, a.5, ad 3）

この記述を見ると、無経験な若者が有している希望は、根拠薄弱な楽観的憶測にすぎないとトマスは考えているようにも思われるかもしれない。だが、そのような解釈は、前述の、覇気に溢れ未来への希望のうちに活力に満ちて生きている鮮烈な若者像とあまりにも食い違っている。

若者が無経験だという事実から帰結するのは、若者には、希望の根拠となる経験と絶望の根拠となる経験の双方が欠落しているという点だ。人間は、経験を積み重ねることによって、希望の根拠となる成功体験と絶望の根拠となる失敗体験の双方を積み重ねていく。自分は、自らの能力や置かれた環境に基づいて、何をどこまで希望でき、何は希望できないのかが、成功体験と失敗体験双方の積み重ねを通じて、次第に分節化されてくる。

逆に言えば、多くの経験を積み重ねていない若者にとっては、自分の未来は、いまだ分節化されざる渾然とした可能性の束となっている。そして、身体的な活力と未来の豊富さにも支えられつつ、未分化で曖昧ではあるが気宇壮大な希望に満ちた若者は、経験を積むことによって、次第に、成功体験を通じた具体的な希望の範囲と失敗体験を通じた絶望の範囲――魅力的ではあるが自らの手には届かないこの世界の諸々の善――を分節的に確定していくようになる。

このような在り方を、筆者は、「経験の希望的構造」と名づけたい。人間が具体的な経験を積み重ねていくことは、数々の失敗や挫折を通じて自らの能力の限界を思い知らせていくとともに、自らの能力のうちにある「可能なこと」の範囲の輪郭を次第に浮き彫りにさせていく。そして、その限られた範囲における自らの有する可能性を次第に開花させ、限界はあるが手堅い仕方で、自らの能力に対する、また自らの能力が切り拓いていく未来に対する希望を自ずと照らし出していくような構造を、経験というものそれ自体が有している。

その意味で、絶望という感情にも、積極的な役割がある。然るべき時に然るべき程度に然るべき事柄に対して絶望するのであれば、それは、善き絶望と言える。

たとえば、プロ野球選手になるという希望を持ちつつ日々練習に励んできた野球少年が、少年野球チームのレギュラーにすらなれず、プロ野球選手になることに絶望するとき、彼は、たしかに、一時的に落ちこみ、悲嘆に暮れるかもしれない。だが、そのような絶望を通して彼は新たな自己認識を獲得し、プロ野球選手になる夢を諦め、これまでは得意ではあったがそれほど打ちこんではいなかった数学の勉強に心を向け始め、数学の研究者になる希望を抱き始めるかもしれない。この場合、彼は、絶望を通じて、それまで比較的未分化であった自らの有する潜在的な可能性を、新たな仕方で分節化することに成功している。その意味で、絶望という感情が善きはたらきを為していると言える。あまりに楽天的な希望を抱くことは、倫理的に悪しきこととまでは言えないにしても、当人自身の適切な人生行路の選択を誤らせる可能性があるという意味で、不適切だとは言えよう。それに対して、然るべき時に然るべき程度に絶望に陥ることを通じて、人生行路を微修正していく原点にあらためて立ち返れるのだ。

だが、その場合、「善い」のは、あくまでも、絶望という否定的《ネガティブ》な感情に陥った後に取ったふさわしい善後策――新たな希望を見出すこと――であって、あくまでも、絶望という感情自体は、悪しきものであるのではないだろうか。もしも、上記のように絶望が善きはたらきを為していると言えるのであれば、常に悪しきものとトマスによって規定されている嫉妬であっても、善きものだとせざるをえない場面が出てきてしまうのではないだろうか。成功した友人を嫉妬し、それをバネに自らも奮起し、そのおかげで自分も或る程度の成功をおさめたという場合のように。

絶望と嫉妬に類似性を見出す捉え方は、もっともに見えるかもしれない。だが、この二つの感情には決定的な違いがある。というのも、友人の成功を嫉妬する場合には、その背景・前提条件として、友人の成功を素直に喜ぶどころか悲しんでしまう人柄の歪みを想定せざるをえない。たとえ大多数の人が友人への嫉妬といった感情を経験するのであっても、それは、大多数の人間に共通の性格上の歪みであり弱さだと考えざるをえない。それに対して、絶望の場合には、まだまだ前向きに希望を持って頑張れる状況であるにもかかわらず簡単に絶望に陥ってしまう人の場合には、何らかの性格上の弱さや歪みを想定せざるをえないとしても、上記の野球少年の例のように、何ら性格上の歪みや弱さの表現ではなく、むしろ、自己認識が適切に行われていることが感情の次元で表現されている場合もある。

嫉妬の場合には、嫉妬を抱いた後に、嫉妬を抱いている相手を引きずり下ろしたりする選択肢を選ぶのではなく、嫉妬をきっかけにして奮起し、自己が更に向上していくためのきっかけにすることもたしかにできる。だが、後者の場合であっても、あくまでも、嫉妬という善からぬ感情を善用したと記述すべきであって、嫉妬自体が好ましい感情だということが帰結するわけではない。

それに対して、絶望の場合には、それを善用して自己の新たな人生行路を見出していくきっかけにできるのみではなく、絶望を抱くこと自体が、自己の陥った否定的な状況に対する的確な自己認識を伴った適切な対応として、「困難な善」に対する適切な距離の取り方――退却という距離の取り方――であるかぎりで、辛いことであるにはしても、適切な心の持ち方すなわち善き感情だと言える。

希望と絶望は、正反対の方向性を有するとはいえ、双方とも、人間本性の根源的な善性を表現しつつ、それを具体化していく力動的で状況打開的な方向性を有する人間精神のしなやかな強さのあらわれと言えるのだ。

三　怖れと大胆

本節では、前節で論述した「希望と絶望」と密接に連関した感情である「怖れ(timor)」と「大胆(audacia)」という一対の感情の構造について吟味していきたい。

この二組の感情は、いくつかの点で交錯した関係にある。まず、「希望」は、「絶望」と対立するのみではなく、「怖れ」とも対立する。全く同じ意味で対立するのではなく、対立の軸が異なっている。「困難な善」という同一の対象に対する「接近」と「後退」という観点から言うと、「希望」は「絶望」と対立する。だが、「困難な悪」と対立する「困難な善」を対象とするという意味では、「希望」は「困難な悪」を対象とする「怖れ」と対立する。同様に「困難な悪」に立ち向かう「大胆」は、「困難な善」から退避する「絶望」と対立する。

「大胆」と「絶望」という感情の対には、トマス人間論の基本的な枠組みを揺るがすように思われる驚くべき特徴がある。善には引き寄せられ、悪からは遠ざかろうとする人間本性の自然な在り方に反して、「大胆」には、「困難な悪」へとあえて近づいていく性質があるからだ。また同様に、絶望には、人間を引き寄せるはずの善から遠ざかるという不思議な特徴がある。

トマスは、『神学大全』第二部の第一部第四五問題「大胆について」の第二項において、「大胆は希望の後に続くものであるか」という問いを立て、これら四つの感情に関して、次のような分析を遂行している。

「善の追求」は希望に属し、「悪の忌避」は怖れに、「恐るべき悪の追求」は大胆に、「善の忌避」は絶望に属している。それゆえ、大胆は希望の後に続くということが帰結する。なぜなら、「差し迫った恐るべきもの」を克服することを希望することに基づいて、人は大胆にそれを追い求めるからである。それに対して、絶望は怖れの後に続く。というのも、希望されるべき善に関わる困難を「怖れる」からこそ、人は絶望するのだからである。(I-II, q.45, a.2)

このテクストは、一見、単に形式的に諸感情のあいだに順序づけを為しているだけのものにすぎないと思われるかもしれないが、そうではない。上述の不思議な特徴を説明する力を有するきわめて重要なテクストだ。

「絶望」は「善」から後退し「大胆」は「悪」へと前進するという両感情の奇妙な特徴を前にして、絶望は、善と結びついた悪からこそ後退するのであり、大胆は、悪と結びついている善にこそ接近していくのだ、という解釈を下す研究者もいる[14]。だが、このテクストのなかで、「恐るべき悪の追求」は大胆に、「善の忌避」は絶望に属している、と明示的に述べられている以上、そのような解釈を最終的に正当化するのは困難だと言わざるをえないであろう。

この問題を解決するための鍵は、諸々の感情が孤立しているのではなく連動した仕方で共振し共鳴しつつ発生してくる、という事実をトマスが上掲の引用箇所で強調している点を正確に読みとることのうちにある。我々は、希望しつつ大胆に事態に対処し、また、怖れつつ状況打開に絶望するのだ。

「後に続く」と訳したsequorないしはconsequorというラテン語は、或るものが他のものに「時間的な意味で後に続く」または「事柄の順序として後に続く」という、区別可能ではあるが相互に深くつながり合った意味の広がりを有する言葉だ。「大胆は希望の後に続く」というのは単に時間的な意味で「希望」の後に「大胆」が生まれてくると指摘しているのではなく、「希望」が前提になって、それに支えられつつ、悪に立ち向かう「大胆」が生じてくるという事柄上の依存関係を意味している。「絶望は怖れの後に続く」も同様だ。

「差し迫った恐るべき悪を克服すること」という善に対する希望を抱くからこそ、人は、「差し迫った恐るべき悪」にたじろがずに、大胆に立ち向かっていく。また、「希望されるべき善に関わる困難」という悪に怖れを抱くからこそ、「希望されるべき善」からの「後退」と定義される絶望に陥る。

このとき、人は、希望という感情に包みこまれるような仕方で大胆という感情を抱き、また、怖れという感情に取り囲まれるような仕方で絶望という感情に陥っている。希望を前提にしてはじめて大胆が生じ、怖れを前提にしてはじめて絶望が生じている。人間は、一度には一つの感情しか抱かないのではなく、同時に複数の感情が生まれてくることがありうる。いや、むしろ複数の感情が共存しているのが人間の常態だとも言える。そして、複数の感情は、ごった煮のように一つの感情になってしまうのではなく、深く連動しつつも区別可能な仕方で関わり合う別々の感情として存続している。

人間の心がそれ自体として追求するのは善のみであるが、その善を獲得する希望が大いに強まると、その強烈な希望の運動に促されながら、善の獲得を妨げる悪に対しても、心は大胆に向かっていく。大胆は、「困難な悪」が「困難な悪」であるがゆえに「困難な悪」へと向かっていくのではなく、「付加された何らかの善のゆえに」「困難な悪」へと向かっていく。だからこそ、トマスは、次のように指摘している。

怖れから常に絶望が帰結するのではなく、〔怖れが〕激しいときに〔絶望が帰結する〕。同様に、希望から常に大胆が帰結するのではなく、〔希望が〕強烈なときに〔大胆が帰結する〕。（I–II, q.45, a.2, ad 2）

価値ある善を達成する希望に心躍らせながら、自らの進路を妨害する悪に大胆に立ち向かう。そのとき、そうした大胆な在り方は、たしかに希望の強烈さに基づいて生まれてきているのだが、だからといって希望という感情と区別できないものではない。希望しつつ大胆に事態に対処するという仕方で、二つの感情の連動が生じている。悪に向かって前進する大胆という感情の奇妙な在り方は、その前提となっている希望とのつながりにおいてはじめて十全に理解できる。

「追求」がそれ自体としては善に関わる以上、「悪の追求」と規定される大胆は、それ自体では存在できず、「善の追求」と規定される希望を前提にして、はじめて存在できる。善を対象とする希望という感情が強まると、「困難な悪」に立ち向かい克服することの善が強く自覚され、大胆という心の動きが活性化されてくる。「獲得困難な善」へと進んでいく希望が強くなると、善と切り離しがたく結びついた悪へと立ち向かう姿勢も強くなり、大胆という感情が醸成されてくるのだ。

同様に、忌避がそれ自体としては悪に関わる以上、「善の忌避」である絶望は、「悪の忌避」である怖れを前提にして、はじめて存在できる。「差し迫った困難な悪」を対象とする怖れが活性化してくると、心のなかで悪がクローズアップされてくるから、「獲得困難な善」の獲得を妨げている悪が強く自覚され、絶望につながる。悪を回避しようとする怖れが強くなると、悪と切り離しがたく結びついた善をも回避するようになり、絶望が生まれてくる。

このように、「差し迫った困難な悪」を対象とする大胆と怖れという一対の感情は、希望と絶望という「獲得困難な善」を対象とする一対の感情と連動しつつ、人間存在を、肯定的《ポジティブ》な方向へも否定的《ネガティブ》な方向へも、非常に大きな振れ幅をもってダイナミックに動かしていく。ほんの少しの些細な感情の動きがどちらかの方向に動き始めると、最終的には非常に大きな揺れ幅を持ち、対極的な終着地点へと導いていく。

そうだからこそ、我々は、一つ一つの感情の発露に、充分に自覚的である必要がある。否定的な感情は否定的な感情を連鎖的に呼びこみ、逆に、肯定的な感情は肯定的な感情を連鎖的に呼びこんでいく可能性があるからだ。

こうした諸感情の連鎖構造と相乗効果は、人間存在が肯定的な方向にも否定的な方向にも向かいうる巨大なエネルギーを潜在させている事実を示唆している。一回ごとの感情の発露は、些細なことのようにも見えて、実は爆発的に人間を一定の方向へと導いていく潜在力を有している。

感情に関して哲学的考察を加える意義の一つは、ここに見出せる。感情の本質や発生経緯を認識することによって、一つ一つの感情の発露について自覚的になり、心の動きの全体を、肯定的な方向へと連鎖的に導いていくための手がかりを得ることができるのだ。

四　怒り

トマスが列挙している一一の基本的諸感情の最後は、「怒り（ira）」である。怒りに関して第一に着目すべきことは、上述の諸感情（「愛と憎しみ」「欲望と忌避」「喜びと悲しみ」「希望と絶望」「怖れと大胆」）とは異なり、怒りには、対となる感情――対立する感情――が存在しないとされている点だ。トマスは、『神学大全』第二部の第一部第二三問題「諸感情相互の相違について」の第三項において、「対立するものを持たない魂の感情が存在するか」という問いを立て、次のように述べている。

接近と後退に基づいても、善と悪の対立性に基づいても、対立するものを持てないという点において、怒りという感情には独特のものがある。なぜなら、怒りは、既に降りかかっている困難な悪から引き起こされるからである。このような悪の現前にさいしては、欲求能力は屈服し、悲しみ――それは欲望的な感情である――の域を出ないか、または、傷つける悪を攻撃する運動を持つのだが、それが怒りに属する。だが、忌避する運動は持てない。というのも、既に悪が現前しているまたは過ぎ去ったと見なされているからである。こうして、怒りの運動には、接近と後退の対立性に基づいて何らかの感情が反対対立することはない。（I–II, q.23, a.3）

「困難な悪」を対象とする感情には、三種類ある。怖れ、大胆、怒りである。そして、前節で述べたように、怖れと大胆は未来の「困難な悪」、すなわち、差し迫っているにしても、いまだ現在のものとはなっていない「困難な悪」に関わっている。この二つの感情は、「接近と後退の対立性に基づいて」対立している。「困難な悪」へと「接近」していくのが大胆であり、「困難な悪」から「後退」するのが怖れなのである。

他方、怒りは、既に現在のものとなってしまった「困難な悪」を対象とする。「現在の困難な悪」へと立ち向かっていく、すなわち「接近」していくのが怒りの特徴だ。それに対して、「現在の困難な悪」から「後退」する運動は原理的にありえない。なぜなら、「後退」が不可能な仕方で既に「困難な悪」のまっただなかに取り囲まれているという事態こそ、「現在の困難な悪」の特徴であり、その点において、「差し迫った未来の困難な悪」との相違があるからだ。

こうして、「現在の困難な悪」に対して生まれてくる感情の動きは怒りと悲しみのみになる。そのさい、悲しみは、既に現在のものとなってしまった悪に屈服した結果生まれてくる感情である。このとき、「困難」という要素は既に消滅している。なぜなら、「困難な悪」と言われるさいの「困難」とは、回避することが困難という意味だからである。悲しみが生まれてくるのは、まさに、「困難な悪」を回避する数少ない可能性すら消滅し、悪に屈服するしかなくなることによってなのだから、もはや、困難か否かという側面は問題にならなくなっている。何らかの悪が回避（対処）困難だと言われるのは、あくまでもそれが回避（対処）可能な段階においてのみだ。だからこそ、上掲のテクストのなかでは、悲しみは対象が困難かどうかに関わらない「欲望的欲求能力に属する感情」である事実が殊更に指摘され、困難な対象に関わるのを固有な特徴とする「気概的欲求能力に属する感情」の一つである怒りと直接的に対立するものではないと指摘されているのだ。

トマスは、続けて次のような事実を指摘している。

> 同様にまた、善と悪の対立性に基づいても〔怒りは対立するものを持つことができない〕。というのも、「既に降りかかっている悪」に対立するのは「既に獲得された善」であるが、それはもはや困難とか難しいという特質を持ちえないからである。また、善の獲得の後には、獲得された善のうちにおける欲求の休らいを除いては他の運動は残存しない。それ〔獲得された善のうちにおける欲求の休らい〕は喜びに属するものであるが、喜びは欲望的な感情である。（I-II, q.23, a.3）

本節冒頭の引用では、「現在の困難な悪」という同一の極に関する「接近」と「後退」という観点からの反対対立がありえないことが示された。存在するのは、「現在の困難な悪」への「接近」という特質を有する怒りのみであって、「現在の困難な悪」からの「後退」は原理的にありえない。それに対して、この引用では、「善と悪の反対対立性」に基づいて、怒りに対立する感情があるかどうかが吟味されている。怒りが「現在の困難な悪」に「接近」していく心の動きである以上、「現在の困難な善」という対立する極に「接近」していく感情が存在すれば、それが「善と悪の反対対立性」に基づいた、怒りに反対対立する感情だと言えるのではないかという問題提起だ。この問題に対するトマスの解答は、二段構えとなっている。

まずトマスが試みているのは、そもそも、「現在の困難な善」などありえないという事実の指摘だ。「困難な善」の「困難」とは、「獲得（達成）困難」の意味だが、何らかの善が「現在」のものになっているということは、「困難」が無事に克服されたことにほかならないのだから、「現在の（既に獲得・達成された）困難な善」は、原理的にありえない。

このような事実の指摘のみでも、既に、「善と悪の対立性」に基づいて怒りに対立する感情が存在しないことを示すには充分であろうが、トマスは更にもう一つの事実を指摘している。悪が現在のものとなったさいに、悪に「屈服」する――悲しみが生まれてくる――あるいは「立ち向かう」――怒りが生まれてくる――二つの可能性があったように、善が現在のものになったさいにも、そのような二つの可能性があるかどうかを吟味し、その可能性を否定している。なぜなら、悪の場合には、困難な悪を回避できず、決定的に巻きこまれてしまったときに（現在の悪）、諦めて屈服してしまう可能性もあれば、巻きこまれてしまったことを前提にしつつ、状況打開のためにあらためてその「困難な悪」に立ち向かっていくという可能性もある。だが、善の場合には、善が現在のものになれば、生まれてくる心の動きは、獲得された善のうちに休らい喜ぶという動きのみであって、あらためて「現在の善」へと向かっていくことはない。もう自らのものになっているからだ。

以上のように、怒りには対立する感情が存在しないのだが、そのかわりに怒りという感情自体のうちに或る種の対立性・複合性が含みこまれている。トマスは、『神学大全』第二部の第一部第四六問題「怒りについて――それ自体に即して」の第二項において、「怒りの対象は善であるか悪であるか」という問いを立て、愛や憎しみと怒りの相違を指摘している。

愛が関わる対象は双方とも善である。なぜなら、愛する者は、或る人に、ちょうど自らに適合する者に対するように、善を意志する（velle bonum）からである。他方、憎しみが関わる対象は双方とも悪である。というのも、憎む者は、或る人に、ちょうど不適合な者に対するように、悪を意志するからである。

だが、怒りは、一つの対象には、善という特質に基づいて――すなわち望んでいる報復に――関わり、もう一つの対象には、悪という特質に基づいて――すなわちその人に対して報復することを意志しているところの有害な人間に――関わる。それゆえ、〔怒りは〕ある仕方で対立する諸感情から複合された感情なのである。（I-II, q.46, a.2）

愛や憎しみは、或る種、単純な構造をしている。愛は、善き人に善きものを意志し、憎しみは、悪しき人に悪しきものを意志するからだ。それに対して、怒りは、悪しき相手に、「善という特質に基づいて」意志するという、複合的な構造を有している、とトマスは主張している。

だが、自らを怒らせた悪しき相手に対して「善という特質に基づいて意志する」とトマスが述べている点に関しては、何らかの解釈が必要であろう。なぜなら、怒りを抱いている人は、憎しみを抱いている人と同じように、相手に何らかの損害・損傷という悪を意志しているようにも思われるからだ。この問題を解決するための手がかりになるのは、次のようなトマスの言明である。

我々は、最初は怒りによって隣人の悪を何らかの尺度に基づいて、すなわち報復という特質を有するものとして欲求する。ところが、後には、人は、怒りの持続性によって、隣人の悪を無条件的に欲望するところにまで至るのであり、それが憎しみの特質に属する。（II–II, q.34, a.6, ad 3）

このテクストが興味深いのは、怒りから憎しみにまで至る敵意の発展が、短い字数で実に鮮やかに浮き彫りにされているからのみではない。一つ前の引用では、怒りは「善という特質に基づいて」意志すると語られていたが、このテクストでは、怒りは、あくまでも、「隣人の悪」を意志すると述べられている。この二つの言明は、どのようにして統合されているのであろうか。

トマスは、『神学大全』第二部の第一部第四六問題第六項において、「怒りは憎しみよりも一層ひどいものか」という問いを立てている。怒りと憎しみという他者に対する否定的・攻撃的な態度を含みこんでいる感情に関して、どちらがより問題含みで厄介であり悪しきものとなりうるのかが、この問いの含意だが、そのなかでトマスは次のように述べている。

怒りと憎しみの対象は、主体としては同一である。なぜなら、憎む者が憎む相手に悪を欲求するように、怒っている人は、怒っている相手に対して〔悪を欲求する〕からである。だが、同一の特質に基づいてではない。憎む者は、敵の悪を、悪であるかぎりで欲求する。他方、怒る者は、怒る相手に対して、その者の悪を、悪であるかぎりではなく、何らかの善という特質を有するかぎりで、すなわち、報復的なものであるかぎりで正しいと見なしていることに基づいて、欲求する。

それゆえ、……憎しみは、悪を悪に適用することに基づいているが、他方、怒りは、善を悪に適用することに基づいている。

ところが、正しいことという観点のもとに欲求することは、誰かの悪を端的に意志することよりも悪という特質がより少ないのは明白である。というのも、誰かの悪を正しいことという観点のもとに意志することは、理性の命令に即しているならば、正義という徳に基づいたものでもありうる。だが、怒りは、報復するにさいして理性の命令に従わないという点においてのみ、欠けているところがある。それゆえ、憎しみは怒りよりもはるかに劣悪でひどいものであることは明白である。（I-II, q.46, a.6）

怒りと憎しみとの区別に関するこのような指摘によって、先に提示した疑問に対する解答は、とりあえず明確になったと言えよう。怒りは「善という特質に基づいて」意志するという言明と、怒りは「隣人の悪」を意志するという言明を結合し、怒りは、隣人の悪を善という特質に基づいて意志する、という仕方で統合されているのだ。

他者の善または悪をどのように受けとめるかという観点から感情を区分することは、実は、怒りと憎しみについてのみではなく、他の感情に関しても、トマスによって試みられている。たとえば、悲しみの対象は「自己にとっての悪」であるが、悲しみの一種であり、「他者の悪についての悲しみ」(I–II, q.35, a.8)と定義される「憐れみ(misericordia)」は、「他者の悪」を「自己にとっての悪」と見なすことによって生まれてくる感情である。それに対して、同じく悲しみの一種であり「他者の善についての悲しみ」(I–II, q.24, a.4)と定義される「嫉妬(invidia)」は、「他者の善」を「自己にとっての悪」と見なすことによって生まれてくる感情なのだ。

トマスのこのような鮮やかな分析には、一見、特段の問題もないようにも思われるかもしれないが、少し視野を広げて考えなおしてみると、奇妙な点が見出される。というのも、他者にとっての悪を「善の観点のもとに(sub ratione boni)」意志する怒りとは異なり、憎しみの場合には、他者にとっての悪を「悪の観点のもとに(sub ratione mali)」意志する点に、憎しみが怒りよりも問題含みであるゆえんがあるとトマスは述べている。だが、憎しみの場合には悪が「悪の観点のもとに」意志されるという論述は、悪が悪として意志されることはなく、あくまでも「善の観点のもとに」意志されるのだというトマス人間論の基本的な枠組みと矛盾しているようにも思われるのだ。

トマスによると、人間の欲求の対象は常に善であり、たとえ人間が悪を意志していると言わざるをえないときであってさえ、悪を悪として意志することはけっしてなく、あくまでも「善の観点のもとに」意志している。たとえば、或る人が「盗み」という道徳的に悪しき行為を為しているとき、彼が意志しているのは、「悪を為す」ことではなく、道徳的に悪しき行為によって獲得される「有用的善」としての金銭や物品、または、盗みの「快楽」という「快楽的善」こそが、彼の意志の真の対象となっている(I-II, q.27, a.1, ad 1)。そうだとするならば、憎む人は、他者にとっての悪を「悪の観点のもとに」意志するというトマスの言明は、どのように理解可能なのだろうか。

この一見矛盾とも思える事態を解決するための手がかりは、事柄の善悪を論じる議論の水準を一段階高めて事態を見なおすことにある。すなわち、憎しみにおいては、「他者にとっての悪を悪の観点のもとに意志すること」が自らにとっての善と見なされており、怒りの場合は、「他者にとっての悪を善の観点のもとに意志すること」が自らにとっての善と見なされている。

つまり、究極的に言えば、憎しみの場合も怒りの場合も、「他者にとっての悪」が「自らにとっての善」と見なされている点で、両者は共通している。だが、その具体的な内実においては両者には大きな違いがある。憎しみにおいては、「他者にとっての悪」は、自らにとって無条件的に善と見なされている。憎しみにおいては「他者にとっての悪」が悪として意志されているとのトマスの見解は、そのことを裏面から表現した言明なのだ。

それに対して、怒りの場合は、「他者にとっての悪」は、自らにとって、条件つきで善と見なされている。怒りにおいては、「他者にとっての悪」が「善という特質に基づいて」意志されているとする見解は、そのことを表現した言明なのである。その場合の「善という特質に基づいて」という条件は、換言すれば、「正しいこと＝正義という特質に基づいて」という意味である。

だが、善に基づくという要素が、怒りの場合には、その不可分の構成要素として含みこまれているからといって、怒りは、常に倫理的に善いものになるわけではない。トマスによると、「怒りの無秩序」は、二つの観点に基づいて考察できる。一つは、「不適切な欲求対象に基づいたもの」であり、もう一つは「不適切な怒り方に基づいたもの」である(II–II, q.158, a.4)。後者は、「内的にあまりにも激しく怒る場合、または、外的にあまりにも甚だしく怒りの徴を表現する場合」である(II–II, q.158, a.3)。それに対して、前者は、「不当な報復」を欲求する場合だ。

正しい報復とは、「〔相手を〕傷つけようとする意図(intentio)によってではなく、害悪を取り除こうとする意図によって」(II–II, q.108, a.2)為される報復のことだ。報復する人の意図が、報復の相手を傷つけること自体に(加えられる悪自体に)向けられ、そこで静止するのであれば、報復は許されない。なぜならば、それは、他者が被る悪を喜びとする憎しみにほかならないからだ。また、使徒パウロの「悪に負けることなく、善をもって悪に勝ちなさい」(「ローマの信徒への手紙」一二章二一節、新共同訳)という言明にも現れているように、他者の悪事に対して悪で応答することは、悪に負けることにほかならず、望ましい態度ではないからだ(II–II, q.108, a.1)。それに対して、許されうる正しい報復の在り方について、トマスは次のように指摘している。

もしも報復する者の意図が、罪を犯す者の罰によって到達される何らかの善――たとえば罪を犯す者の矯正、または少なくともその者の抑制と他の人々の平穏、そして正義の保全と神の尊崇――へと主に向けられているならば、他の然るべき状況が確保されるかぎり、報復は許されうる。（II–II, q.108, a.1）

「愛の宗教」であるキリスト教の神学者であるトマスが「報復」を容認していることに意外感を覚える人がいるかもしれないが、トマスはすべての報復を是認しているわけではない。「罪を犯す者の矯正」や「正義の保全」「神の尊崇」といった「善」に対する愛が基盤になっているかぎりで、報復が不可避の手段として容認されている。

そして、「正しい報復」の背後にある「正しい怒り」を憎しみと対比させつつ、トマスは、次のような興味深い言明を為している。

憎しみは他者の悪をそれ自体として欲求するから、どのような尺度＝度合い（mensura）の悪によっても満たされることがない。それ自体として欲求されるものは、尺度なしに欲求されるからである。……他方、怒りは、報復的な正義という観点のもとにでなければ悪を欲求することはない。それゆえ、怒っている人の評定に基づいて、課された悪が正義の尺度を超えると、

〔相手に対して〕憐れみを持つようになる。（I-II, q.46, a.6, ad 1）

このテクストが興味深いのは、まずは、憎しみと怒りとの対比のなかで、際限なく自己増殖していく憎しみとは異なり、怒りを抱く心の運動のうちには、その増殖を抑制していく自己調節機能が自ずと内在している事実が指摘されている点だ。しかも、最終的には、それのみではなく、怒りのピークを超えると、「他者の悪」を「善という観点のもとに」意志するという在り方から、「他者の悪」を「自己にとっての悪」と見なす「憐れみ」という心の在り方へと自ずと転換するという、人間精神の柔軟な転換力について言及されている。怒りという攻撃的・対立的態度の発露自体のなかに、「憐れみ」という他者に対する融和的・包容的態度へと転回する潜在力が含みこまれている。

怒りが目指している「正しいこと」が実現するとき、そこで達成されるのは、他者からの侵害が行われる前の状態への単なる原状回復ではない。それは、否定的な関係性をも包みこむような在り方における、自他の根源的な融和的態度への発展的回復であり、そのような仕方で、怒りという一見否定的《ネガティブ》な心の動き自体のなかに、人間本性の根源的な肯定力が輝き出している。

第三章　肯定的な生への促しとしての倫理学

第一章と第二章では、「肯定の哲学」の基礎づけという観点から、トマスの感情論に対する綿密な分析を展開してきた。「愛と憎しみ」「欲望と忌避」「喜びと悲しみ」「希望と絶望」「怖れと大胆」「怒り」という、一一の代表的な諸感情それぞれに関して、人間精神の根源的な肯定性が看取された。『神学大全』は、読者である我々の心とは無縁な仕方で屹立《きつりつ》している単なる知的な大伽藍のようなものではなく、日常的な感情の次元でこの世界やそのなかで生を営んでいる自己を肯定する具体的な視座を与えてくれるものなのだ。

トマスは、具体的かつ身近な感情を手がかりにすることによって、人間の生やこの世界を単に観念的に上から肯定するのではなく、心の自然な動きそれ自体のなかに肯定へ向けた可塑的な形成力を見出している。この世界における否定的な側面や、それに呼応した人間精神の否定的な動きに対して目を閉ざすのではなく、そういったものに直面すること自体のなかに、それを克服していく肯定的な回復力が含みこまれているのだ。

だが、だからといって、感情というものは、生まれてくるがままに放置していれば自ずと善い方向に向かうものでもない。自覚的にコントロールされる必要があるものだともトマスは述べている。本章では、人間精神の肯定的な回復力がどのように発現するのかを、大胆と怖れという二つの感情を制御する「勇気(fortitudo)」という徳の検討を通じてより具体的に解明するとともに、トマスの知的いとなみにとって、人間存在を肯定的に捉えなおすという課題がいかに中心的であったのかを、同時代の他のテクストとの対比を通じて浮き彫りにしていきたい。

一　徳としての勇気――世界と自己との肯定的関係の形成

「感情(passio)」は、或る種の「受動(passio)」であるかぎり、人間による能動的なコントロールを超えて襲いかかってくる面があることは否定しえない。だが、だからといって、感情の運動は、人間によるコントロールを完全に超えているわけでもない。たしかに、感情の運動の個別的なケースはコントロールし尽くせないにしても、或る人が、全体としてどういった感情をどのような場合にどの程度抱きやすいかということは、習慣づけを通じて、少しずつ方向づけていくことができる。トマスの用語に基づいて言えば、それは「徳(virtus)」の形成といういとなみであり、大胆と怖れという対極的な二つの感情の抱き方をふさわしく方向づけていく徳が、「勇気」という徳にほかならない。

「勇気」とは、立ちはだかる困難に屈せずに抵抗し立ち向かう精神の力強さのことだが(II–II, q.123, a.1)、だからといって、直面する困難に対する「怖れ」という感情を抱くことと「勇気」という徳を有することが両立しないわけではない。すべての怖れが「勇気」と両立しないのではなく、「秩序に反する怖れ」(II–II, q.125, a.2)が「勇気」によって克服される。それに対して、過剰に怖れを抱くことは、「臆病(timiditas)」という「悪徳(vitium)」の特徴だ。

怖れるべきものを、然るべき時に、然るべき程度に怖れるのが、理性的な節度に適った怖れ方であり、怖れの過剰のみではなく、その過小すなわち「怖れ知らず(intimiditas)」も悪徳である。「怖れ知らず」という在り方が生じてくる原因には三つの場合がある。「然るべき愛の欠如」による場合と、「高慢」による場合と、「愚昧」による場合とである(II–II, q.126, a.2, ob.2)。より詳しく説明すると以下のようになる。

すなわち、第一に、「人が生命やそれ〔生命〕に秩序づけられた善を然るべきほどには愛していないことによって、死や他の現世的悪を然るべきほどには怖れない、という事態が生じうる」(II–II, q.126, a.1)。人間であるかぎり、自己の存在の保持へと向けられた自然な愛が完全に失われてしまうことはないとしても、基本的な愛・根源的な自己愛が何らかの仕方で希薄になってしまうことによって、自己愛に基づいた自己保持を脅かす悪に対する怖れが希薄になってしまうことがありうる。「然るべき愛の欠如」に基づいた怖れの欠如は、その人の人間としての存在の充実が根本において病み脅かされていることの現れとして、「悪徳」である。

「怖れ知らず」という在り方が生じてくる第二と第三のケースは、どちらも、「愛している善に対立する悪が自己へとやってくることはありえないと見なすこと」に基づいて生じてくる。この場合には、第一のケースとは異なり、「死や他の現世的悪」を全く怖れない場合も起こりうる。それは、「自己を過信し他者を軽蔑する精神の高慢」(第二の場合)または「理性の欠落」すなわち「愚昧」ゆえに生じてくる(第三の場合)(II–II, q.126, a.1)。自己を脅かす悪が自己を襲ってくることはありえないと、高慢または愚昧ゆえに思いこんでしまうがゆえの「怖れ知らず」だ。

「怖れ知らず」と類似したものとして、「向こう見ず(audacia)」という悪徳も存在する。「怖れ知らず」と「向こう見ず」の違いを一言で言えば、「怖れ知らず」が怖れの過小であるのに対して、「向こう見ず」は「大胆」の過剰である。[15] 怖れと大胆が対立する心の在り方なのであれば、怖れの過小と大胆の過剰は、表現の仕方または事態を見る方向性が異なるのみであって、実質的には同じだと考える人がいるかもしれないが、そうではないというところに、この議論のポイントがある(図4)。

対処困難な悪に直面したときの心的態度を表す同一の数直線上に、ゼロをまたいで、プラス側に大胆が存在し、マイナス側に怖れが存在するという在り方で、大胆と怖れは対立しているのではない点に着目する必要がある。怖れが増大すれば大胆は減少し、大胆が増大すれば怖れは減少するという仕方で、怖れと大胆はゼロサムゲームを繰り広げているのではない。人並み外れて怖れという

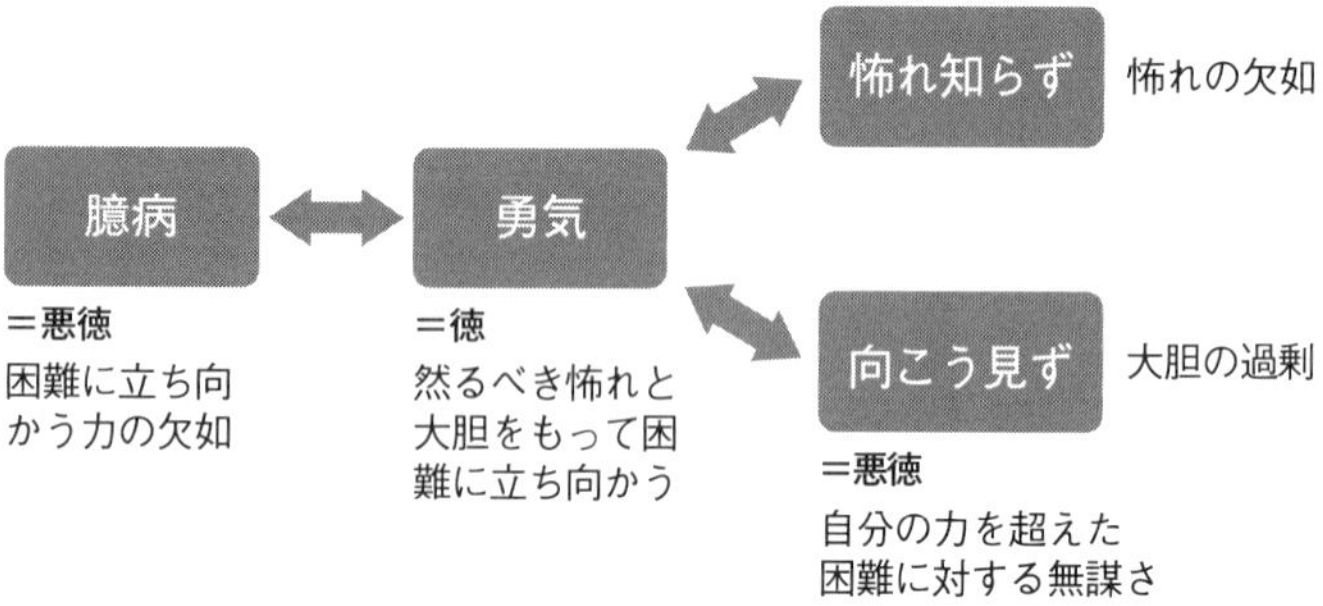

図４　「勇気」は複数の悪徳と対立する

感情が弱くて大胆という感情が強い人物もいれば、怖れという感情も大胆という感情もさして抱かないような、感情の希薄な人物も存在する。

ところが、トマスによると、「怖れの欠如」は「大胆の過剰」とは区別されうるが、「怖れの過剰」は「大胆の欠如」と切り離せない。すなわち、怖れが欠如していれば必然的に大胆が過剰になるとは限らないが、怖れが過剰であるときには必然的に大胆が欠如してくる。怖れを抱いて逃げるべき状況においても怖れを抱かずに逃げない人物が、必然的に、悪しき困難な状況に対して大胆に立ち向かっていくとは限らない。単に何もせずに傍観している可能性も充分にある。だが、逃げるべきではない状況においても過度に怖れて逃避的態度を取る人物は、必然的に、困難な状況に対して立ち向かっていくような心的態度（大胆）が欠落してくる。

車の運転にたとえるならば、大胆はアクセルであり、怖れはブレーキだと言える。怖れというブレーキをかけていない場合に、常に、大胆というアクセルがかかっているとは限らず、ブレーキもアクセルもどちらもかかっていない可能性がある。だが、怖れというブレーキがかかっているならば、たとえアクセルペダルを踏んでもアクセルを発動させることはできないのであり、大胆というアクセルは必然的に欠落してしまう。

怖れの過小としての「怖れ知らず」という悪徳と大胆の過剰としての「向こう見ず」という悪徳との区別は、一見些細にも見えるかもしれないが、そうではない。「怖れ〔の欠如〕」と「大胆〔の過剰〕」という二つの密接に絡んだ心の動きを絶妙に区別することによって、トマスは、人間の心に様々な感情を呼び起こしてくるこの世界と人間の心との関係に関して、更なる洞察を次のように導き出している。

> アリストテレスが『ニコマコス倫理学』第三巻〔第九章 1117a30〕のなかで述べているように、勇気は、大胆を和らげるよりも、むしろ、怖れを抑制することに関わる。なぜなら、大胆を和らげるよりも怖れを抑制することの方がより困難だからである。なぜならば、大胆と怖れの対象である危険そのものが、それ自体、大胆の和らげへと向けて何かを与えつつ、怖れの増大に向けてはたらきかけるからである。（II–II, q.123, a.6）

このテクストが興味深いのは、「大胆と怖れの対象である危険そのもの」が、大胆と怖れという対立する一対の感情双方の共通の対象であり原因であるのみではなく、大胆は和らげ、怖れは強めるという非対称的なはたらきを為しもする事実が指摘されている点にある。感情の適度なコントロールは、人間が自らの心のなかの様々な動きを、主観的に調整することによって為し遂げられるのみではない。感情を生み出す状況それ自体のうちに、生み出される感情がどのようなものであり、どの程度の強さを持ったものかを調整する機能が備わっている。危険という困難な悪へとあえて立ち向かう大胆という、状況打開のために必要な感情を生み出しつつも、大胆が過剰になりすぎて不必要なまでに危険に巻きこまれすぎてしまうことを避けさせるはたらきを、危険な状況自体が人間の心に及ぼしてくる。危険な状況を危険な状況として的確に受けとめること自体のうちに、大胆がほどよく生まれてくる要因が内在している。

人間は、自らの心とは全くかみ合うところのない宇宙のなかに、異邦人として偶然的に投げこまれているのではない。最初から完全に調和することはないにしても、自らの心の動きをほどよく調整してくるような在り方で自らの心とかみ合うことの可能な秩序ある世界のなかの住民として、人間は存在している。個別的・短期的に見れば、我々の心のなかには、肯定的《ポジティブ》な心の動きだけではなく、否定的《ネガティブ》な心の動きも生まれてこざるをえないが、総体的・長期的には、この世界との絶妙なつながりのなかで調和を見出し、肯定的な仕方で情緒的に自己形成していける存在として、人間は存立せしめられている。

「徳」の形成という作業は、自然な心の在り方を強引に抑制したり抑圧したり、逆に無理に前向きにさせたりするようなものではない。そうではなく、自らを巻きこんでくる状況との持続的な共同作業の産物として「徳」という好ましい在り方は生まれてくる。

だからといって、状況自体が有する感情調整力にすべてを任せておけばよいのではない。なぜなら、怖れに関しては、人間がより能動的に関与しなければ、歯止めなく強まってしまう可能性が残されているからだ。そこでとりわけ必要になってくるのが、「勇気」という「徳」の形成である。トマスは、「勇気」の中心的な構成要素である「耐えること」に関して次のような事実を指摘している。

耐えること(sustinere)は、たしかに身体の受動を含意するが、同時に、非常に強力に善に固着する魂の〔能動的な〕活動(actus)を含意している。そこから、既に差し迫っている身体的な受難に屈しないことが帰結する。(II-II, q.123, a.6, ad 2)

「耐える」ことは、一見、単なる受け身で消極的な在り方であるように見える。だが、苦痛に満ちた受け身で消極的な在り方のままに持ちこたえることができるのがなぜかといえば、耐えることによって保持されうる「善」との積極的・能動的で肯定的な関係がその背後にあるからだ。たとえば、仲間と共に実現を目指している理想社会という「善」との関係を精神のうちで強く保持しているがゆえに、弾圧を加える権力者の拷問という苦痛に直面しても勇気をもって耐えることができる、といった場合のように。

こうして、勇気は、状況自体が有する感情調整力のみによって形成されるのでもなければ、人間の精神力のみによって形成されるのでもなく、両者の絶妙な相互関係によってはじめて生じてくることができる。否定性を孕《はら》んだ状況自体が、人間の能動的で肯定的な事態対応能力を引き出し、育んでくる。「勇気の部分として措定される自信によって、人は自己自身に希望を抱くようになる」(II-II, q.128, ad 2)。勇気という徳は、単に社会や指導者によって義務として外から課されるものではない。怖れに翻弄されがちな自己自身の頼りなさを、徐々にではあるにしても着実に克服し、少しでも頼りになるものとして自身に希望を抱き、肯定的に自己を受けとめなおして困難に満ちたこの世界に対峙できるようになるための原動力として、困難に対処する勇気は存立している。

否定的な状況――「差し迫った困難な悪」――に関わる「大胆」と「怖れ」という厄介な感情の運動のただなかで、この世界と人間の心との肯定的な共同作業の成立可能性――「勇気」という「徳」の形成可能性――を鮮やかにあぶり出してくる点に、肯定の哲学としてのトマス哲学の真骨頂を見出すことができる。

二　『神学大全』における肯定的・体系的倫理学

前節で詳細に吟味した「勇気」という徳の在り方を手がかりにしながら、本節では、「肯定的倫理学」としてのトマス人間論の構造を、歴史的背景を含めたより巨視的な観点から分析していきたい。

『神学大全』のなかで「勇気」に関する論述がまとまって見出されるのは、第二部の第二部（倫理学各論）においてである。ここでは、「徳」と「悪徳」の相互連関という観点から倫理的な事柄についての詳細が論じられている。それらは「対神徳」と「枢要徳」に大別される。具体的に言うと、その内実は以下のとおりである。

対神徳

「信仰」（第一―一六問題）
「希望」（第一七―二二問題）
「愛徳」（第二三―四六問題）

枢要徳

「賢慮」（第四七―五六問題）
「正義」（第五七―一二二問題）
「勇気」（第一二三―一四〇問題）
「節制」（第一四一―一七〇問題）

全一八九問題から構成されている第二部の第二部の大半は、「信仰」「希望」「愛徳」という三つの「対神徳」——神との関係に関わる徳——と、「賢慮」「正義」「勇気」「節制」という四つの「枢要徳」——自己自身および他者との関係に関わる徳——を軸に展開している。そして、このプログラムのどこにも「悪徳」を主題にしている部分が存在しない点が注目に値する。

だからといって、トマスは、悪徳に関して論じていないわけではない。悪徳論は、徳論のなかへと組みこまれており、それぞれの徳についての問題群において、その徳の基本構造をまず論じてから、それに対応する悪徳に関する論考が付加される論述構造になっている。換言すれば、「徳」の「悪徳」に対する優位という観点、または、悪徳論の徳論への還元とも言うべき観点が見出される。

「勇気」に関する問題群は、四つに分節されている。第一は勇気という徳そのものについて（第一二三—一二七問題）、第二は勇気の諸部分について（第一二八—一三八問題）、第三は、勇気の「賜物」——徳に即した行為を実行しやすくなるために神から与えられる助け——に関してであり（第一三九問題）、第四は、勇気の「掟」——聖書のなかで啓示されている神の命令——についてである（第一四〇問題）。

「勇気」に関する問題群の四つの構成要素のどこにも、「勇気」と対立する「悪徳」について論じる部分は含まれていない。悪徳という否定的なものに関する考察は、勇気についての問題群の構成原理にはなっておらず、徳という肯定的な原理に対して相対化されるような在り方で、各部分にちりばめられている。

具体的には、「勇気という徳そのものについて」では、まず徳としての「勇気」について述べられ(第一二三問題)、更に「徳の行為」としての「殉教」について説明されて(第一二四問題)から、「罪」や「悪徳」である「怖れ」(第一二五問題)、「怖れ知らず」(第一二六問題)、「向こう見ず」(第一二七問題)について述べられる構造になっている。

また、第二の部分「勇気の諸部分について」のなかでは、「高邁《こうまい》」(第一二九問題)という徳の直後に、「僭越」(第一三〇問題)、「野心」(第一三一問題)、「虚栄心」(第一三二問題)、「卑屈」(第一三三問題)という悪徳について論じられ、「大度量」(第一三四問題)という徳の直後に「狭量」「浪費」(第一三五問題)という悪徳について論じられている。また、「忍耐」(第一三六問題)、「堅忍」(第一三七問題)という徳について論じられた直後に、「柔弱」「頑迷」(第一三八問題)という悪徳について論じられている。

このような構成からも読みとれるように、勇気に対立する悪徳に関する考察は、「勇気」についての考察から独立して遂行されているというよりは、むしろ、勇気に関する問題群のなかの部分的な構成要素として相対化されて含みこまれている。論述の順序自体のなかに、悪徳という否定的要素に対する徳という肯定的要素の優位という肯定の哲学の基本的発想があらわれている。トマスは、すべての徳に共通する特徴に関して、次のように述べている。

徳の一般的な在り方の一つは、精神の強さ(firmitas animi)である。なぜなら、『ニコマコス倫理学』第二巻〔第四章1105a32〕で言われているように、あらゆる徳において、毅然として自己を持すること(firmiter se habere)が必要とされるからである。（II–II, q.129, a.5）

「徳(virtus)」とは、語源的に「力(virtus)」を意味している事実からも分かるように、単に社会規範に従うとか、悪事をしないことではなく、困難に立ち向かう「精神の強さ」だ。悪や危険に満ちた世界に直面して萎縮せずに、毅然として自己を持しながら、自他にとっての善を実現していく積極的・肯定的な力である。倫理学の目的は、このような力を形成していく手助けとなることであって、諸々の細かい禁止事項の網によって自己をがんじがらめにすることではない。

トマスの倫理学の肯定的な方向づけは、同時代において彼の身近に流通していた倫理学的な書物との対比によってより明確となる。

ドミニコ会は、一三世紀の第一四半期には、体系的な教育システムを整え、説教活動に必要な学問を修めるための制度的基盤を構築しつつあった。そして、一般信者の司牧（司祭による信者に対する生活上・信仰上の配慮と指導）という実践的な目的を達成するために、告解（信者による罪の告白）と説教の実践的なマニュアルが、司祭を養成するための教科書として広く使われていた。

ベネディクト会のように、農村に大きな領地を構えて「祈り働け」の生活をおくる修道会とは異なり、都市の一般市民に対する教化を使命に確立されたドミニコ会は、確立後数年間のうちに、聴罪を専門とする組織ともなった。これは、教皇インノケンティウス三世によって一二一五年に開催された第四ラテラノ公会議において、説教する役割と告解を聞く役割とが結合された影響であった。この公会議は、年に一度の告解の義務を制度化した。信者全体に課される個人告白という制度は、前代未聞であり、司祭たちは自分自身と信者たちのためのマニュアルを必要とするようになっていた。[16]日々信者と接する司牧者の教育のために、様々な実践的なマニュアルが執筆された。聴罪司祭のためのマニュアル、説教者のためのマニュアル、聖書のコンコルダンス（用語索引）、聖人伝、悪徳と徳に関する論考などの様々な種類の著作がそこには含まれていた。これらは、ドミニコ会士によって、ドミニコ会士のために執筆された書物であり、信者の魂の世話（cura animarum）というドミニコ会士たちの共通の課題を反映していた。

これらのマニュアルの主な読者は、「一般的な兄弟たち（fratres communes）」、すなわち「管区学院（studium provinciale）」や「国際学院（studium generale）」といった高度な研究機関で専門的な研究に従事するべく選別されたようなエリートではなく、日々聴罪（告解を聞くこと）と説教に従事していた大多数の一般的なドミニコ会士たちであった。ドミニコ会では、一部の優れた学者のみではなく、すべての構成員が、知的な訓練を受けるように配慮されていたのであり、しかもその訓練は、司牧的な方向づけを有していた。

ドミニコ会は、都市における信者の司牧的配慮（cura pastoralis）のために設立された会であった。一二二〇年に発布された同会の「原始会憲」に述べられているように、「〔説教者修道会は、〕そのはじめから、説教と霊魂の救いのために設立されたものとして知られているのであり、我々の〔ドミニコ会士たちの」勉学は、主に、そして熱烈に、最大限の努力を払って、隣人たちの魂に対して我々が有益でありうるようになることを目指さなければならない」[17]のである。

具体的には、信者の司牧的配慮のために、次のようなマニュアルが作成された。まず、ハンガリーのパウルスの『痛悔大全』(一二二一)は、全二部から構成された告解用のマニュアルであった。この著作は、教会法学者であるグラティアヌス(一二世紀)の『教令集』における悔悛に関する論考を素材にしつつ、いくつかの実践的なアドバイスを加味したものである。第一部は伝統的な告解のマニュアルであり、第二部は悪徳と徳についての説明によって構成されていた。だが、第一部と第二部とのつながり方は不鮮明であり、また、徳に関する考察に先んじてまず悪徳についての考察が行なわれており、建徳的な側面は希薄であった。

また、ペニャフォルトのライムンドゥス(一一七五/八〇頃―一二七五)の『痛悔大全(事例大全)』(一二二五頃)は、聴罪司祭のためのマニュアルであり、良心の糾明――良心の光に照らした各人の自己吟味――に関する具体的な事例を豊富に紹介していた。この著作は、ドミニコ会士たちが、信者の魂の状態に関する賢明な判定者となってふさわしい悔悛を課す助けとなっていた。そして、ハンガリーのパウルスの『痛悔大全』と同様に、罪に焦点をあてていた。それは、出版されるやいなや、告解や倫理に関わるドミニコ会の半ば公式の教科書となり、ドミニコ会の全体にわたって、広く注釈され要約され増補されていった。だが、このような告解向けのマニュアルによっては、倫理的な教育の問題の全体を積極的に取り扱うことは原理的に不可能であった[18]。

信者の魂に対する司牧的配慮という実践的な関心によって導かれていたこれらのマニュアルは、たしかに、告解のマニュアルとして有効ではあったが、悪徳や罪の提示の仕方は、総じて無秩序でまとまりのないものであった。或る程度のまとまった秩序が提示される場合であっても、諸々の罪の必ずしも完全ではないリストが提示されるのみであった。「罪」と見なされる個別的な事例が、諸々の徳についての包括的な教えとは切り離されて列挙されていたために、倫理的生活の総合的な説明のための枠組みとしてはとうてい不充分であった。[19]

トマスは、司牧的マニュアルの存在意義を全面的に否定したわけではない。それどころか、彼は、それらのマニュアルから多くの素材と洞察を援用してもいる。『神学大全』第二部には、ライムンドゥスの『痛悔大全』から、数多くの引用が為されてもいる。[20] トマスは、司牧的配慮に基づいた諸々のマニュアルから多くを学びつつも、明確な哲学的洞察に依拠した体系性の欠如に満足せず、より明確な構成原理に基づいた体系的神学の構築を目指していくことになった。それは、「実践」をより豊かな「観想」という基盤の上に据えなおそうとしたいとなみであったとも言える。[21]

トマスが『神学大全』――とりわけ第二部の倫理学――を執筆したのは、こうしたマニュアルを克服し、肯定的な倫理学の体系を築き上げるためであった。[22]『神学大全』においては、従来の告解マニュアルよりもはるかに包括的に徳や悪徳・罪に関する体系化が為されており、また、単なる百科辞典的な体系化ではなく、徳の確立へ向けての積極的な促しという観点が見出される。

『神学大全』では、様々な徳や悪徳の包括的な体系化と徳への勧告は、別々の作業として行われているのではない。徳と悪徳を体系的に区別しつつ連関させて捉える作業そのものが、「悪徳」の「徳」への依存という基本的な構造を開示し、人間本性の徳への自然本性的な方向づけを明らかにすることによって、自ずと徳への勧告になるように、二つの作業が密接不可分な作業として行われている。

逆に言うと、同時代の告解マニュアルにおける、非体系的な悪徳や徳の列挙という問題点と、建徳的な側面の欠如という問題点とは、別々の問題ではなかった。告解のマニュアルにおいては、どのような行為がどこまで許され、どこからは許されないかという境界設定に焦点が置かれ、些末な行為を含めてとにかく罪を避けさせることに主眼が置かれていた。それは、禁止事項の列挙にはなっても、人間が成熟していくための全体的な方向性を体系的・肯定的に指し示すような積極的人間論にはなりえなかった[23]。

『神学大全』第二部におけるトマスの倫理学は、同時代に広く流布していた告解マニュアルにおけるこのような問題点を克服することを目指したものであった。トマスの倫理学は、「告解」のための「罪」を同定するものではなく、徳の確立へ向けての積極的な促しを与える観点から体系化された作品であり、人生全体を体系的な仕方で肯定的な方向へと導いていくことを意図した実践的な技法の提示だったのである。

三　棟梁としての神学者——観想という実践

中世の大学では、「講義(lectio)」——テクストを「読むこと(lectio)」——のみではなく、「討論(disputatio)」が、カリキュラムの不可欠な構成要素として採用されていた。討論は、「定期討論(quaestiones disputatae)」と「任意討論(quaestiones quodlibetales)」とに大別されていた。定期討論では、討論を主宰する教授によってあらかじめ論題が決定されていた。他方、任意討論においては、聴衆からの問題提起に応じて問題が設定されたため、体系的な著作のなかでは取り上げられない、実践的に興味深い問題が取り扱われる場合が多かった。

トマスは、実際に行なわれた「任意討論」に基づいて執筆された『任意討論集』のなかで、「或る者は、たとえ他の者たちを教えるのに適していても、〔信者の〕魂の救いを意図するために、神学の研究を捨て去るように義務づけられるか」(I, q.7, a.2)という問題について論じている。[24]

この項では、三つの異論が挙げられている。どの異論にも共通するのは、「神学の研究・教育」と実践的な「信者の魂の世話(cura animarum)」とを対立的に区別している点だ。たとえば、異論一は次のとおりである。

魂の救済へと注意を向けることのできる或る者は、研究に時間を専ら費やすならば、罪を犯することになると思われる。なぜなら、〔新約聖書の〕「ガラテヤの信徒への手紙」第六章〔第一〇節〕において、「時のあるあいだに、善を行いましょう」と言われているからである。だが、時間の損失よりも深刻な損失は何もない。それゆえ、人は、魂の救いに注意を向けることを先延ばしにして、全時間を研究に費やすべきではない。（『任意討論集』I, q.7, a.2, arg.1）

「魂の救済」という実践的に最も重要なことと比べるならば、神学の研究・教育という迂遠な非実践的活動には大した価値はない、との論理がここには見出される。トマスが主文と異論解答においてて批判的に捉えなおすのは、まさに、「魂の世話」と「神学の研究・教育」とを対比させて区別するこのような区別の在り方だ。トマスは、新たな区別を提案するという常套手段を使うことによって、以下のような解決を提示する。

すなわち、霊的な建築において、いわば、手仕事担当の労働者たちが存在していて、彼らは、「魂への配慮」を「個別的な仕方で（particulariter）」追求する。具体的には、秘跡——洗礼・堅信・聖体・ゆるし・病者の塗油・叙階・結婚——を提供したり、何かこうした実践的なことを個別的な仕方で為すことによってである。

それに対して、司教は、棟梁のような存在であり、命令を下して、労働者たちがどのように自らの職務を遂行すべきかを決定する。だからこそ、彼らは、「司教（episcopus）」——ギリシア語の語源に基づくと「上から見る者」との意味——と呼ばれる。

そして、トマスによると、神学者もまた、司教と同じように、霊的建築の棟梁であり、他の者たちがどのように魂の救いをもたらすべきかを探究し、教育する。それゆえ、神学を教えることは、この者あるいはあの者の救いのために個別的な配慮をするよりも、より優れており、より功徳がある。[25]

そしてとりわけ「自らにおいてのみ進歩することのできる単純な者たち」よりも、「自らにおいてのみではなく、教えることによって他の者たちにおいても進歩をもたらしうる者たち」に、救いに関わる事柄を教育することは、より優れている。ここには「観想の実りを他者に伝える(contemplata aliis tradere)」という、トマスの根本精神があらわれている。そのさい、観想の実りを伝える相手は誰でもよいのではない。観想の実りを他者に伝える能力を有する者へと観想の実りを伝えることによる、観想の実りの飛躍的な広がりが望見されている。

トマスは、この項では、「個別的な仕方(particulariter)」と対比される概念を明示的に提示していないが、この概念は、「普遍的な仕方(universaliter)」と対比される概念だ。「普遍的な仕方でそれ自体によって在るところのものは、個別的な仕方で他のものによって在るところのものよりもより優れている」(II-II, q.171, a.3)というように、トマスは、普遍的なものを個別的なものの上位に位置づけている。この項で対比されているのは、「個別的な仕方で」魂の救いを配慮する一般の司祭と、「普遍的な仕方で」魂の救いを配慮する神学者なのである。そして、「個別的な仕方で」魂を配慮する一般の司祭は、それ自体によって存在しているのではなく、「普遍的な仕方で」魂を配慮する神学者によってはじめて存在を可能にされているという関係がある。

異論で提示されている考え方の枠組みにおいては、信者の魂を実践的に配慮するか、そういった実践に従事せずに、ひたすら観想に従事するかという区別が前提にされていた。それに対して、トマスは、神学の研究・教育という観想活動自体が、より高次の普遍的な意味で「魂への配慮」なのだと解答している。棟梁が、建物の建造に関与していないどころか、個別的な手仕事をしている労働者よりもより高次の普遍的な仕方で建造に関与しているように、神学者も、実践的な仕事に従事している司祭よりもより高次の普遍的な仕方で「魂への配慮」に関与している。

神学における「実践性」とは、個別具体的な他者の人生と深く関わったり、個別具体的な社会問題に取り組んだりすることのうちにあるのではない。むしろ、多種多様な人生問題や社会問題にそれぞれの人々がそれぞれの観点から実践的に取り組むさいに役に立つようなヴィジョンを、地味ではあるが着実な手がかりになるような仕方で提示することのうちにこそ、神学の普遍的な「実践性」が見出される。トマスは、このテクストでは神学に限定して話を進めているが、このような観点は、哲学における「実践性」とは何かを現代における我々が考察するさいにも、多大な示唆を与えてくれるのではないだろうか。

このテクストにおけるトマスの関心の中心は、必ずしも、神学者と非神学者の順位づけにあるのではない。棟梁がいても労働者がいなければ建造物はできあがらないように、神学者がいても実践的な仕事に携わる司祭がいなければ、「魂への配慮」は実現しない。

この項におけるトマスの趣旨は、単に神学者と司祭のどちらが優れているかを決定することにあるのではない。多様な役割を果たす多様な者たちによって為される「魂への配慮」というい となみの協働的性格の強調にある。信者の「魂への配慮」は、人々に勧告を与える説教者と、信者の魂の糾明を助ける聴罪司祭と、これらの説教者と聴罪司祭を教える神学者との協働作業によって為される。そして、前二者のみではなく、神学者もまた「魂への配慮」に従事している、しかも、普遍的な仕方で従事しているとトマスは述べている[26]。これは、神学者の在り方についての単なる一般論や理想論ではない。トマスは、そういった意味における実践的な神学者として自らを理解していたのだ。

伝記作者たちが口を揃えて証言しているように、トマスは物静かで内向的な人物であった。巨漢でもあった彼は、学生時代に「黙り牛(bos mutus)」というあだ名をつけられていた。授業中も寡黙であったトマスは、理解力が不足していると思われがちであったが、彼の才能を見抜いた師のアルベルトゥス・マグヌスは、「われわれはこの者を黙り牛と呼んだが、かれがやがて教えるとき、その鳴き声は世界中にひびきわたるであろう」と述べたと伝えられている[27]。トマスは、波瀾万丈な人生経験に依拠した思索を展開する類《たぐい》の人物ではなく、書物から多くを学ぶ根っからの学究肌の人物であった。

トマスは、物静かで内向的な人物であったが、けっして閉鎖的な人物ではなかった。読書と思索と執筆に専念することこそが、他者と関わるための最善の方法だと考える種類の人物であった。彼は、『神学大全』のなかでもきわめて有名な一節において、次のように述べている。

単に輝きを発するよりも照明することの方がより大いなることであるように、単に観想するよりも観想の実りを他者に伝える(contemplata aliis tradere)ことの方がより大いなることである。(II–II, q.188, a.6)

自らの知的満足のみのために真理を認識する(観想する)のではなく、豊かな認識の満ち溢れを他者へと伝えていくことの方が、より大いなることだとの認識は、トマスが属していたドミニコ会の基本精神でもあった。『神学大全』を執筆していたトマスにとって、それは、人間についての、そして人間が住まうこの世界についての肯定的なヴィジョンを多くの人々に対して分かりやすく体系的に提示することによって、彼らが自らの生を肯定的な方向へと向けなおしていくのを手助けする作業であった。そうした意味で、トマスは、様々な具体的実践に従事しつつ幸福の実現を目指している人々に対して、人間の幸福に関する基本的なヴィジョンを提示する「棟梁」として、真理探究という根源的な実践に従事していた。そして、そのヴィジョンは、時代を超えて現代にまで及び、キリスト教神学という元来の枠組みを超えて、読者がキリスト教徒であるか否かを問わない有効性を保持し続けている。

それでは、トマスが「棟梁」として構築した、ゴシック建築にもなぞらえられる『神学大全』とは、どのような書物だったのであろうか。

『神学大全』は、トマスの最後のそして最大の傑作であり、彼の一生を通じた探究の総決算だ。それまでのあらゆる教育活動（パリ大学およびドミニコ会の学院において）や著作活動（アリストテレス注解や聖書注解）を踏まえつつ、徹底的に練り上げられた議論が、しばしばゴシック建築にもたとえられる均整の取れた美的な全体的秩序のもとに提示されている。

「大全（Summa）」とは、もともと、「全体」「総体」「全体の総括」といった意味を持つラテン語である。一二世紀になると、教会法や神学において、それぞれの分野の総体を調和的に集大成し組織化し体系化する著作が著されるようになり、様々な「大全」が現れた。そのなかで最も代表的な作品が、トマスの『神学大全』だ[28]。それは、素材として、聖書、ラテン・ギリシア教父（アウグスティヌス、ダマスケヌス、ディオニシウス・アレオパギタ）、アリストテレスとギリシア・イスラーム世界におけるその注釈者（テミスティウス、アヴィセンナ、アヴェロエス）、ユダヤ世界における哲学者（イブン・ガビロール、マイモニデス）、新プラトン主義、ローマ法、教会法などの知的遺産を豊かに取りいれた、信仰と理性の一大総合であり、西洋中世哲学最大の古典である。

『神学大全』の形式に関して、まず注目に値するのは、その整然とした分節的体系性だ。この書物は、まず三つの「部（pars）」——第一部の神論、第二部の人間論（倫理学）、第三部のキリスト論——に分けられる（第二部は更に二つの部に下位区分される）。そして、それぞれの部が、いくつかの

「問題群(quaestiones)」に分かたれ、そのなかに含まれる一つ一つの「問題(quaestio)」(全五一二問題)が、更にいくつかの「項(articulus)」に分かたれるという仕方で、問題の細分化が行われている。問題の徹底的な細分化による構造化という特徴だ。細分化自体が目的にされているのではない。細分化を通じて明晰になった一つ一つのブロックを積み重ねることによって堅固にかつ柔軟に構造化された一つの全体知を提示しているのだ。

分節化と総合の積み重ねによる終始一貫したプログラムによって体系的に構造化された知の全体として、『神学大全』は屹立《きつりつ》している。大きな問題を一挙に解決しようとはせずに、より小さな問題へと細分化し、細分化された一つ一つの問題の解決を積み重ねることによって、大きな問題に対するよりはっきりとした見通しを少しずつ立てていくという明確な方法意識に貫かれて執筆された書物なのだ。

こうした仕方で世界を体系的に秩序だったものと捉えようとする根本的な姿勢は、単なる知的好奇心の産物ではない。この世界を体系的な秩序のもとに捉えることは、この世界が、そしてそのなかで営まれる自らの生が、断片的な事物や出来事の単なる寄せ集めではなく、全体的に秩序だったものとして現象してくることを意味している。我々が自らの生を肯定的に捉えるとは、単に、主観的に、とにかく自らの生やこの世界には価値があると信憑《しんぴょう》することではない。そうではなく、自らの生が営まれているこの世界の全体が、その不条理と不調和と悪をも包みこむような仕方で、意味のある全体として現象してくることなのである。

『神学大全』という秩序に満ちた書物に触れるなかで、我々の精神は、安定した形式に庇護されながら多くの素材と対話しつつこの世界と自らの生に対する秩序ある全体像を組み立てていくことができる。我々は、トマスの探究の個別的な成果に学ぶのみではなく、『神学大全』との触れ合いのなかで、この世界全体を肯定的に受けとめなおすための基本的な姿勢を学んでいけるのである。

第四章　肯定の形式としてのスコラ的方法

前章の末尾では、トマス哲学が、その内容に関してのみではなく、体系的な形式に関してもまた「肯定の哲学」と見なせることが示唆された。それを受けつつ、本章においては、トマス哲学が、探究の方法論の観点からも「肯定の哲学」として捉えうることを明らかにしていきたい。

スコラ学における真理探究・真理伝達の方法論は、「スコラ的方法」と呼ばれる。スコラ的方法にはいくつかの特徴がある。真理の体系的考察、伝統的な権威の引用の多用、注釈に注釈を積み重ねるテクスト重視の思考法、伝統的な権威あるテクスト同士のあいだの食い違いを調停していく対話的方法、概念や言葉の意味の徹底的な区別・区分と場合分け等々である。本章では、とりわけ、「引用」と「区別」というスコラ的方法の二つの中核的な構成要素の相互関係の分析を軸に、「肯定の形式」という観点から、トマスにおけるスコラ的方法の構造について考究していきたい。

一　項の構造――スコラ的方法の結晶

『神学大全』の最小の構成単位である「項(articulus)」は、全部で二六二九個あるが、その一つ一つの「項」のすべてが同一の形式を持っている。その形式は、前章でも述べたとおり、中世の大学に特有の授業形式である「討論(disputatio)」を反映するものであり、タイトル、異論、反対異論、主文、異論解答という順序で展開する。

まず、それぞれの項のはじめに、簡潔なタイトルが与えられる。それは「AはBであるか」という問いの形を取っている。論点の提示である。たとえば、「憎しみは愛によって引き起こされるか」(I-II, q.29, a.2)とか、「あらゆる悲しみは悪しきものであるか」(I-II, q.39, a.1)といった問いが提示される。

項の実質的内容は、「……と思われる」という言葉で導入される「異論(argumentum)」で始まる。たいてい三つの異論が提示されるが、それらは聖書や教父あるいはアリストテレスなどの古典的な「権威ある言葉(auctoritas)」の引用に基づいて構築されている(純粋に論理的な議論の場合もある)。スコラ学における「権威(auctoritas)」とは、有力な人物が有している抽象的な力を意味するのではなく、影響力のある言葉そのものを意味している。それゆえ、「典拠」という日本語があてられることもある。

スコラ的なテクストの最大の特徴の一つは、「権威」の引用によって織り成されたテクストであることだ。スコラ学者たちは、問題を解決するためだけではなく、問題を提起するために、過去の哲学者や神学者のテクストから諸々の議論を収集していた。

「反対異論（sed contra）」においては、異論と対立する見解が提示される。それも、たいてい権威ある書物からの引用に基づいている。反対異論は、トマス自身の見解ではないが、トマス自身の見解とかなり近い見解が紹介され、「主文」において述べられるトマスの見解がどのような方向で展開されるのかが示唆される。

続いて、「以上に答えて、私はこう言うべきだとする」という言葉で始まる「主文」において、トマスは自らの解答をまとまった形で論理的に提示する。その語り口は「事柄自体が語る」と形容されるほどの明晰さに満ちた飾り気のないものである。

主文における議論の展開の特徴は、問題の解決にあたって「区別」という方法が多用されていることだ。トマスは、問題に含まれているキーワードの意味内容をいくつかに分節し区別することによって、一見対立しているように思われる複数の見解が並び立ちうる新たな地平を切り拓こうと試みている。

スコラ学において、「区別（distinctio）」は、大きく分けて二つの意味を有していた。第一に、この語は、大きなテクストを参照するのを容易にするために導入された方法を意味した。すなわち、一つのテクストを、意味がありかつ扱いやすいいくつかの単位へと分割すること、または、その分割の結果生まれてくるテクストの区分を意味していた[29]。

第二の意味は、一つの単語の孕《はら》み持つ異なった意味を区別することであった。大学における討論の解決は、しばしば、中心的な概念や用語の意味を区別することに基づいていた[30]。

それは、『神学大全』における問題の解明の在り方にもあてはまる。トマスは、主文や異論解答において、必ずしも、最終的・決定的な固定化された解決を与えているのではない。むしろ、異論や反対異論で提示された諸見解――同時代の見解や伝統的な権威に基づいた見解――にまとわりついていた曖昧さや不明確さを、新たな区別の導入によって克服し、探究されるべき事柄自体へとより肉薄しつつ、権威をより高次の次元で生かしなおそうと試みている[31]。それは異なる諸見解のあいだの単なる辻褄《つじつま》合わせではなく、論争というプロセスを通じて、異なる多様な見解と共存しうるより豊かな地平へと自らの精神を――そしてひいては読者の精神を――解放する機能を有している[32]。

このように、トマスにおいて、細かい分類作業や問題の細分化や言葉の意味の区分は、自己目的に行われているのではなく、区分を通した、事柄の明示的な理解の全体的・総合的な獲得が目指されていた。この意味で、区分は、定義的なものであったり、最終決定的であったりするよりは、むしろ、曖昧さや不明確さに陥りやすい問題について、読者の精神を文脈に応じて照らし出すものとして機能している。

最後に、「異論解答」において、主文で獲得された新たな視点に基づいて異論が捉えなおされ、異論に対する解答が与えられる。そのさい、異論に引用された権威ある言葉がそれ自体として否定されることはほとんどない。そうではなく、主文で行われた意味の区別に基づくより柔軟な解釈が下されることを通して、それぞれの権威ある言葉の真理性ができるかぎりすくい取られる。権威ある言葉自体が否定されるのではなく、その言葉に対する異論の解釈が詳細な解説の光のもとに修正されていく。

異論解答は、しばしば、主文の付録にすぎないかのような扱いを受けることもあるが、実際には、トマスの洞察の真骨頂はここでこそ見出される場合が多い。異論解答においては、異論で引用されていた権威＝典拠の再解釈が行われ、一見相対立する複数の権威＝典拠の併存可能性が肯定される。主文は、異論解答におけるこうしたいとなみが可能になるための準備作業にすぎないと思われることもしばしばである。

以上が、項の基本的構造である。トマスは、様々な問題について考える手がかりを得ようとする場合、まず、その問題に関して伝統的に提示されてきた見解を列挙していく。だが、単純にそこから解答を演繹的に導き出すことはしない。なぜなら、従来の諸見解は一枚岩ではなく、或る種の緊張関係のうちに現前してくるからだ。実際、しばしば、対立するはずの異論と反対異論の双方が、同等の権威を持った古典的著作からの引用に基づいている。同じ著者の同じ著作からの引用である場合さえある。古典的著作からの引用は、問いに対する出来合いの解答を与えるのではない。むしろ、相対立するように見える諸々の立場の緊張関係のなかで、問題を錯綜させ先鋭化させることによって、問題の核心を浮き彫りにし、細かく詰めた議論を可能にさせるものとして機能する。

このように、トマスのテクストは伝統的な権威ある言葉からの引用に充ち満ちている。だが彼は、単純に権威に訴えることによって議論を進めているのではない。そもそも、スコラ学において、「権威＝典拠（auctoritas）」とは、権威主義的な仕方で押しつけられた硬直化した解答を意味するのではなく、理性的探究に生命を与える力を持った「著者＝創始者（auctor）」の凝縮された言葉を意味していた。それは、人類の認識に新たな局面を切り拓いた創造的な著者たちの力に満ちた言葉なのだ。これらの言葉は、一義的に固定化して理解されうるものではなく、多様な意味をそれ自体のうちに孕んでいる。開かれた解釈の可能性を担った言葉して、議論のための立脚点を提供する力を持っている。

トマスは、伝統的な「権威」を尊重し、真理探究における通時的な連続性を保持すると同時に、「権威」をめぐる多様な解釈を鋭く対立させ、より高次の立場から総合している。「項」という形式を駆使しつつ、伝統のうちに孕まれている緊張関係を緊張関係としてはっきりと提示するとともに、自立的な解釈を施すことによって、新たな合意形成の基盤を形作っている。そのような意味で、トマス哲学は、探究の方法論上も、肯定の哲学という観点から捉えうるものになっている。それは、自他の考えをありのままに認める意味での「肯定」ではなく、相異なる複数の考えのよさが生かされうるようなより高次の次元での総合を提示していくという意味での「肯定」だ。

異論、反対異論、主文、異論解答という形式は、トマスに固有のものではなく、スコラ学に共通のものであった。だが、同時代の多くの著作では、あまりに入りくんだ仕方でこの形式が使用され、どこまでがその著者の見解であり、どこからが反駁されている見解であるのかが不明瞭な場合も多かった。それに対して、トマスの『神学大全』の場合は、きわめて明晰な論述形式が貫徹されることによって、伝統の肯定的・創造的な受容と変容が可能になっていた。

トマスは、最初から最後まで全く同様の形式で繰り返される一見無味乾燥な「項」の構造によって自縄自縛的に拘束されていたのではない。このような構造の使用によってこそ、短い単位のうちに数多くの素材を対話的に内包することが可能になっていた。

『神学大全』は、トマスという一人の著者との接触を我々に与えるのみではない。論争状況を含みこんだ時代全体、哲学的・神学的伝統の総体を開示する。トマス個人の最終的結論のみではなく、それぞれの問題をめぐって実際に展開されていた多様な見解が、スコラ的方法に基づいた『神学大全』の明快な著述形式の秩序のもとに全体として与えられる。

我々は、この書物を読解することによって、哲学・神学の個別的問題に対するトマスの解答を学ぶのみならず、自らのうちに議論のための多様な材料を蓄積し、必要に応じて問題の展開の筋道を自分なりに変更しつつ独自の仕方で展開していく術も学ぶことができる。[33]

二 怖れと愛——スコラ的方法の具体的実践

前節で一般的な仕方で論じたスコラ的方法が、より具体的にどのように機能しているのかをありありと浮かび上がらせるために、以下においては、本書の主題である「肯定の哲学」の中核的な構成要素である感情論に再び戻ってみたい。スコラ的方法の活用という観点に着目しながらトマスのテクストを読解することによって、スコラ的方法の活用が、どのような仕方で、「感情」に関するより繊細でバランスの取れた考察を可能にしているのかを明らかにしたい。

具体的には、『神学大全』第二部の第一部第四三問題「怖れの原因について」の第一項「怖れの原因は愛であるか」の構造を、「引用」と「区別」という観点から詳細に分析し、第一章と第二章で既に述べたトマスの感情論の特徴を、より立ち入った仕方で取り出してみたい。

この項には、異論は全部で三つあるが、異論一では、「怖れ(timor)」が「愛(amor)」の原因であるという論が展開されている。

愛は怖れの原因ではないと思われる。というのも、何かを導き入れるものはそのものの原因である。しかるに、アウグスティヌスが『ヨハネの手紙説教』〔第九講〕で述べているように、「怖れは愛徳という愛(amor caritatis)を導き入れる」。それゆえ、怖れが愛の原因なのであって、逆ではない。(I-II, q.43, a.1, arg.1)

それに対して、反対異論では、愛が怖れの原因であるという逆方向の論が展開される。

アウグスティヌスは、『八三問題集』〔第三三問題〕のなかで、「怖れることの原因は、我々が愛しているものに関して、〔すでに〕獲得されているものを失ってしまうのではないか、そして希望されているものを獲得することがないのではないかということ以外にはないことには何の疑いもない」と述べている。したがって、すべての怖れは、我々が何かを愛することから引き起こされる。それゆえ、愛は怖れの原因である。(I–II, q.43, a.1, s.c.)

これら二つの論に関して注目すべきことは、異論一でも反対異論でも同じようにアウグスティヌスのテクストが引用されているという点だ。愛と怖れという二つの感情のあいだの因果関係に関して、怖れが愛の原因だとの見解に関しても(異論一)、逆に愛が怖れの原因だという見解に関しても(反対異論)、アウグスティヌスの権威が引用されている。

アウグスティヌスは、トマスの感情論のなかで最も頻繁に引用される著者の一人だが、だからといって、アウグスティヌスの権威は、問答無用の解答を提示するものとして権威主義的な仕方で持ち出されているのではない。そうではなく、むしろ、浩瀚なアウグスティヌスのテクストのなかから適切なテクストが厳選されつつ絶妙な組み合わせのもとに呼び出されることによって、アウグスティヌスの複数のテクスト自体のなかにある緊張関係があぶり出され、トマスによる――そしてひいてはトマスのテクストの読者による――解釈を呼び覚まさざるをえないものとして機能している。

異論と反対異論の議論を受けたうえで、トマスは主文のなかで、次のように述べている。

魂の感情の対象は、感情に対して、形相(forma)が自然物または人工物に対して持っているのと同様の関係にある。というのも、このような諸事物が自らの形相から種を受けとるように、魂の感情は対象から種を受けとるからである。それゆえ、形相の原因であるところのものは何でもその形相によって構成されているものの原因であるように、どのような仕方であれ、対象の原因であるものは、なんであれ、感情の原因なのである。何かが対象の原因であることは、作用因という仕方か、質料的態勢という仕方で起こりうる。(I-II, q.43, a.1)

このテクストにおいて第一に着目すべきことは、「感情の対象」が、感情にとって、「形相」のような位置にあるとされていることだ。感情の「対象」という言葉を聞くと、感情を抱く人間の心とは離れたところにある何ものかを我々はイメージしがちだが、そうではない、とトマスは述べているのだ。

アリストテレスに由来する「形相」という概念は、「質料(materia)」と相関的に用いられる対概念である。世界のあらゆる現象をこの二原理の相関関係によって説明するアリストテレスの立場は、「質料形相論」と呼ばれている。簡単に言えば、「形相」は限定する原理であり、それに対して、「質料」は限定される素材のようなものだ。

人工物の場合、たとえば、木という「質料」は、「机」の「形相」を得れば「机」になり、「椅子」の「形相」を得れば「椅子」になる。机の形相抜きに机はありえず、椅子の形相抜きに椅子はありえない。机の形相は机の本質的な構成要素であり、椅子の形相は椅子の本質的な構成要素だ。
それと同じように、感情の「対象」抜きに感情はありえない。「対象」は感情を抱く主体から切り離されたところにあるのではなく、感情を抱く主体の、そして感情それ自体の本質的な構成要素なのだ。感情は、単なる何らかの内面的な状態にすぎないのではなく、外部の状況・もの・人——「対象」——との関係を、本質的な構成要素として含みこんでいる。何かの「対象」に感情を抱くことは、その感情の「対象」が、自分とは無関係な、自分から切り離された風景のようなものではなくなり、自分が誰であるのかを語るためには、その「対象」との関係を含みこんだ形で自分の在り方を新たに記述しなおさなければならないような仕方で、その「対象」が自分の心の内奥に構成要素として入りこんでくることだ。「感情（passio）」を抱くことは、「受動（passio）」的な仕方で自己の境界が何らかの「対象」の影響によって揺るがされ、その「対象」が自己の構成要素にまでなるという事態なのだ。

ギリシア語やラテン語では、「感情」を意味する単語と、「受動」や「受難」を意味する単語は、同一の単語である。ラテン語では、passioという名詞が、「感情」と「受動」の両方を意味し、ギリシア語では、パトス（πάθος）という名詞が、「感情」と「受動」の両方を意味する。また、ラテン語でもギリシア語でも、パティ（pati）やパテイン（παθεῖν）という動詞が「被る」「受動する」「感情を抱く」といった意味の広がりを有している。日本語だけで考えると一見無関係にも思われる「感情」と「受動」という二つの概念が同一の単語によって捉えられているという事実は、とても興味深い。これは単なる偶然ではない。「感情」と「受動」という二つの事柄のあいだに密接な関係があるからこそ、一つのラテン語で表現されているのだということを、我々はpassioに関するトマスの論述から読みとることができる。「感情」は単に内発的に生じてくるのではなく、外界の事物や人物や出来事のはたらきかけを「受動」することによって生じてくるのだ。

トマスは、『神学大全』第二部の第一部の人間論における感情論（第二二―四八問題）の位置づけに関して、次のように語っている。

> 人間の諸々の行為のうちの或るものは人間に固有であり、他のものは人間と他の諸動物に共通である。そして、幸福は人間固有の善なのであるから、固有な意味で人間的であるような行為＝活動（actus）の方が、人間と他の諸動物に共通の行為＝活動よりも、幸福とより近い関係がある。それゆえ、第一に、人間に固有な諸活動（意志的活動）について考察する必要があり、第二に、人間と他の諸動物に共通の行為＝活動（actus）――それは魂の受動＝感情（animae passiones）と呼ばれる――について考察する必要がある。（I–II, q.6, 序文）

このテクストにおける、animae passionesにあてられる「魂の感情」という日本語は、多少奇妙な印象を与えるが、トマスがこのような表現をするのは、「感情」と訳されるpassioが、「受動」の意味をも兼ね備えている上述の事実と深い関係がある。人間が外界から被る「受動」には、「身体の受動」と「魂の受動」があり、このうちの後者が「感情」と呼ばれる。

このテクストにおいてきわめて注目に値するのは、受動的に発生することをその基本的な特徴にしている「感情」が「行為＝活動（actus）」として捉えられている事実だ。通常我々は「能動」と「受動」を対立させて捉え、更に「行為」や「活動」は「能動的」だと考えがちである。「能動的」行為や「能動的」活動と殊更に修飾せずとも、「行為」や「活動」は「受動的」なものではなく「能動的」なものだと決めてかかっている面がある。だがトマスによると「受動」的に発生する「感情」もまた一つの「行為」であり「活動」なのだ。

それでは、どのような意味で、感情は「行為＝活動」だと言えるのであろうか。トマスにおいて、「行為＝活動（actus）」とは、何らかの「能力（potentia）」が現実化している状態を意味する。人間が感情を抱くことは、外界の何ものかのはたらきかけを「受動」することによって、「受動」する人の感覚的欲求能力が現実化へともたらされる——五感によって感じとられるこの世界の豊かさによって満たされる——ことにほかならない。感情を抱くことは、外界のものが自らの心の構成要素となるまでに深く入りこんでくることを意味するのだから、たしかに、自己の心の安定をかき乱す出来事だと言える。だが、そのような或る種の危険を孕んだ「対象」との受動的な出会いによってこそ、我々の心は賦活され、新たな能動的行為のための原動力も与えられていく。その意味で、「受動的」な感情それ自体が、我々の能力を現実化する一種の「行為」であり「活動」だと言われているのだ。

トマスの体系的な人間論における感情論の基本的な位置づけは、次のようになっている。まず、『神学大全』第二部の人間論が、第二部の第一部（一般倫理）と第二部の第二部（特殊倫理）に分かたれる。そしてその第二部の第一部が、「究極目的と幸福」「人間の行為」「行為の根源」の三つの大問題群に分かたれる。更にその二つ目の「人間の行為」という大問題群が「意志的行為」と「行為の善悪」と「感情」という三つの問題群に分節される。そのうえで、その「感情」という問題群が最終的に二七の「問題」に分かたれている。そして、「意志的行為」や、自由意志に基づいた「行為の善悪」は理性的存在者である人間に固有のものとされるのに対して、感情は、人間と非理性的存在者である諸動物に共通のものとされている。

このようなトマスの人間論の構造を見ると、一見、トマスは、能動的な「意志的行為」と受動的な感情とを相容れない仕方で対立させて捉えているようにも見受けられるが、最終的にはそうではない。受動的な感情を抱くことも一つの「行為」だと捉えることによって、両者を統合する視点をもトマスは提示している。

このように、感情は、人間の心のなかから自発的に生まれてくるというよりは、むしろ、「対象（obiectum）」からのはたらきかけを受動することによって生まれてくる。「対象」と言うと、まず人間が何らかのものに着目して、そのものへと能動的にはたらきかけることによってそれを「対象化」する、といったイメージを我々は抱きがちだ。だが、それとは逆に、トマスが述べているのは、「対象」の方が能動的にはたらきかけて我々の心を差異化し現実化させてくる——特定の感情の色に染めてくる――という話なのだ。それゆえ、トマスの感情論は、「対象」によって差異化される私が、私の心を差異化し現実化させた「対象」を概念的に腑分けし区別していく、という構造になっている。

感情発生の経緯に関するこうした説明を踏まえると、「対象」が感情発生の「原因」だと言えるようにも思われる。だが、トマスは、そうは考えず、より厳密な区別をここで導入する。第四三問題「怖れの原因について」の直前の第四二問題は、「怖れの対象について」と題されており、トマスは、怖れの「原因」と「対象」をはっきりと区別している。というのも、上述のように、怖れの「対象」は、怖れという感情から切り離されているのではなく、むしろ、怖れという感情の中核的な構成要素として、怖れの「原因」であるというよりは、怖れの「形相」なのである。

それでは怖れの「原因」はどのように特定されるのであろうか。トマスは、「感情の原因」の分析は、「感情の対象の原因」の分析にほかならず、更に「感情の対象の原因」は「作用因」と「質料的態勢」に区分されるという一般論を述べたうえで、次のような考察を行っている。

怖れの場合には、「対象」は、「容易に抵抗できない切迫した未来の悪と評定されるもの」である。それゆえ、怖れの「対象の原因」は、「作用因」――怖れという感情が或る人の心のなかに生まれてくるように作用しはたらきかけてくるものという意味での原因――の観点から言えば、こうした悪を課すことのできるものである。たとえば、子供にとっては、「罰」という悪(怖れの対象)を課しうる親が、「作用因」としての怖れの「対象の原因」ひいては怖れそれ自体の原因だ。

それに対して、「質料的態勢」――怖れという感情が発生するために必要となる主体側の準備状態――の観点から言えば、「それによって、或る人が、或るものがその人にとってそのようなもの〔悪〕であるように態勢づけられるところのもの」が怖れの「対象の原因」ひいては怖れそれ自体の原因である。そしてこのような「質料的態勢」の観点から言うと、愛が怖れの原因である。というのも、「或る人が何らかの善を愛しているということに基づいて、そのような善を欠如させるものがその人にとって悪であり、そして結果的にそのものを悪として怖れることが帰結する」からである。我々は何らかの善を――たとえば自らの「生命」という善を――愛しているからこそ、その愛している「生命」という善を脅かしてくる「未来の悪」を怖れる。生命という善を愛しているという「質料的態勢」または「習慣」があってはじめて、生命を脅かしてくる「作用因」は怖れの原因たりうる。その意味で、愛が怖れの原因なのだ。

ここで愛について言及されていることは、単なる偶然ではない。トマスによると、怖れのみではなく、愛以外のすべての感情は、愛を前提に生じてくる(I–II, q.27, a.4)。

欲望も悲しみも喜びも、そして結果的に他のすべての感情も、愛によって引き起こされる。それゆえ、何らかの感情から生じてくるすべての行為は、愛からも、第一原因からのような仕方で生じてくる。他の諸感情は余分なわけではない。それらは近接原因なのである。(I–II, q.28, a.6, ad 2)

我々は、何かに好感を抱くから、すなわち何かを愛するからこそ、それを手に入れたいという「欲望」を抱く。そして、愛する何かを手に入れることができれば「喜び」を抱くし、手に入れられなければ「悲しみ」を抱く。肯定的な感情であれ否定的な感情であれ、すべての感情は、愛を基盤にしてはじめて生じてくる。

怖れに関しても事情は同様だ。我々が怖れという感情に基づいて、狼から逃げるという「行為」を選び取るさい、その行為の「近接原因」は、怖れであるが、そもそもどうして狼を怖れるのかといえば、狼によって奪われるかもしれない自らの生命を愛しているからなのであり、そのような意味で、逃避行為の「第一原因」は愛なのである。我々は、何かを愛しているからこそ、それを獲得すれば喜び、喪失すれば悲しみ、愛しているものに危害を加えられれば怒りが生じてくる。

第一章や第二章でも既に述べたように、諸感情の連鎖の構造は、指摘されてみると或る意味当たり前だが、トマスによる区別の明示が為されるまでは我々にとって必ずしも自明ではない、という性格を有している。そして、当たり前とも言える区別の積み重ねを通して、トマスは、けっして当たり前ではない命題を取り出してくる。それは、愛という感情が、愛以外のすべての感情の原因である、という命題だ。

愛は最も根源的な感情であり、他のあらゆる感情は愛を「原因」として生じてくる（I-II, q.27, a.4）。トマスがこのように主張するとき、彼は、単に「愛の宗教」であるキリスト教の「教義」に基づいて発言しているのでもなければ、「愛こそすべて」というロマンティシズムやセンチメンタリズムに駆り立てられているのでもない。愛について語るトマス自身は全く「感情的」ではなく、きわめて冷静であり理性的だ。愛の根源性を主張するようにトマスを導いているのは、人間存在の、ひいてはこの世界全体の構造に対するトマスの基本的な洞察であり、事柄の真理をありのままに明らかにしようとする彼の真理探究の方法の必然的な帰結である[34]。そして、その方法とは引用し区別するというきわめて単純ないとなみなのだ。

三　引用と区別の連関

それでは、主文におけるこのような区別に基づいて、第二節の冒頭に引用した「怖れが愛の原因であって、愛が怖れの原因ではない」との異論に対してはどのような解決が与えられるのであろうか。この異論に対するトマスの応答である異論解答一は次のようになっている。

怖れは、自体的にはそして第一義的には、避けられる悪に関わっているのであり、その悪は何らかの愛されている善に対立している。こうして自体的には怖れは愛から生じてくる。ところが第二義的には、そのような悪がそれによって到来するところのもの〔怖れの作用因〕に怖れは関わっている。このようにして、怖れはときには付帯的な仕方で愛を導き入れるが、それはすなわち、〔怖れの作用因である〕神によって罰されることを怖れている人間が、神の掟を守り、それに伴って希望し始め、そして希望が〔神に対する〕愛を導き入れるかぎりにおいてである。

（I-II, q.43, a.1, ad 1）

前節で既に述べたように、怖れと愛との因果関係に関して、主文では愛が怖れの原因だという方向での説明が為されていた。この異論解答一においても、その基本的な観点は維持されている。第一義的な側面として述べられている前半部がそれにあたる。だが、後半では、逆に、怖れが愛の原因になる場合もあるという観点が補足的に導入される。すなわち、最初は神の罰に対する怖れから神の掟を守っていた人間が、掟を守っているうちに、神が自らに罰ではなく何らかの善をもたらしてくれるという希望を持ち始め、自らが幸福に至ることを助けてくれる存在である神への愛が生まれてきて、怖れではなく愛に基づいて神の掟を守るようになるといった事柄の順序が存在する。こうした場合には、怖れが愛の原因になると言える。

このようなトマスの解答を踏まえたうえで、もう一度異論一を見なおしてみると、次のようなことが分かる。まず、トマスは、異論一で引用されている「怖れは愛徳という愛を導き入れる」というアウグスティヌスの権威を否定するどころか、むしろ、トマスの異論解答一の後半部は、このアウグスティヌスの言葉に対する敷衍《ふえん》的解説になっている。トマスは、異論で引用されている権威自体は否定せずに、その権威に対する異論の解釈を批判し、より的確な解釈を提示するという手法をしばしば採用している。この箇所では、アウグスティヌスの言葉自体についてのみではなく、アウグスティヌスの言葉に対する異論の解釈（怖れが愛の原因だという解釈）に関しても、トマスは基本的に肯定しつつ、更により詳しい解説を与えている。「怖れ」と「愛」という二つの感情のあいだの因果関係の中心は、「愛」から「怖れ」が生まれてくるという方向だと明言しつつも、アウグスティヌスが述べているそれとは反対の方向の因果関係に関しても、第二義的なものとして相対化しつつも、その妥当性を認めてもいるのだ。

トマスは、他者の論（異論）を単に否定するために引用しているのでもなければ、自己の論の卓越性を引き立たせるために、論駁しやすい異論を作り上げているのでもない。そうではなく、他者の見解のよいところを肯定的な仕方で取り入れつつ更に発展させる探究の方法になっている。

そうするとトマスは、結局、異論一の立場を完全に認めているのかといえば、そうではない。トマスは、異論一の立場を、それはそれで認めつつも、事柄の半面（二次的な半面）にすぎないという仕方で相対化してもいるのだ。

トマスは、『神学大全』第二部の第一部第四二問題「怖れの対象について」の第一項「怖れの対象は善であるか悪であるか」の「異論一」において、次のような見解を紹介している。

善が怖れの対象であると思われる。なぜなら、アウグスティヌスは『八三問題集』（第三三問題）のなかで、「我々が愛しているものに関して、（すでに）獲得されているものを失うのではないか、そして希望されているものを獲得することがないのではないかということ以外には」我々は何も怖れないと述べているからである。しかるに我々が愛するものは善である。それゆえ怖れは固有の対象として善に関わっている。（I-II, q.42, a.1, arg.1）

この「異論」には、スコラ的方法に関する分析という観点からきわめて注目に値する事実がある。この「異論」のなかで引用されているアウグスティヌスの全く同一の言葉が、前節の冒頭で引用した第四三問題第一項「怖れの原因は愛であるか」においては、「反対異論」として引用されているという事実だ。同じ典拠が、文脈に応じて、トマスの見解とは異なる「異論」と、トマスの見解と近接した「反対異論」の双方の構成要素として引用されている。

この「異論」に対しては、「異論への解答は明白」として異論解答が省略されているため、この異論に対するトマスの解答は主文のなかから再構成する必要があるが、簡潔にまとめると次のようになる。すなわち、怖れは何らかの忌避を含意する以上、第一義的に、それ自体としては、固有の対象である悪に関わる。だが、その悪が善に関連しているかぎりで、怖れは善に関わることもできる。

何かが悪であることは、それが善を欠落させるもの（privativum boni）であることに基づいている。それゆえ、悪が悪であるがゆえに避けられているときには、人が愛しながら追求してい

る善を奪い去るから〔悪が〕避けられているのだということが帰結する。（I–II, q.42, a.1）

このテクストに関して気をつけなければならないのは、異論で引用されていたアウグスティヌスの典拠自体は否定されていない点だ。そうではなく、アウグスティヌスの典拠に対する異論の解釈が相対化されている。怖れは善にも関わるにしても、それは間接的にであって、直接的な対象はあくまでも悪だという仕方で、異論の主張の汲みとるべき部分は汲みとりつつも、その不充分さが指摘され、補われ、新たな文脈のなかに置きなおされている。

第四三問題第一項「怖れの原因は愛であるか」の反対異論において愛が怖れの原因だとの趣旨でアウグスティヌスの言葉が引用されたさいには、その含意がほぼ全面的に肯定されていた。それに対して、第四二問題第一項「怖れの対象は善であるか悪であるか」において、善が怖れの対象だとの趣旨でアウグスティヌスの同じ典拠が引用されるさいには、アウグスティヌスの言葉の真意が解釈しなおされ、かつ、その有効性が相対化されつつ容認される、という流れになっている。同じ典拠が、トマスの論をそれぞれの文脈のなかで異なった仕方で補強しつつ、同時に、トマスの論によって、それぞれの文脈のなかで、その言葉の有効性が、新たな仕方で肯定的に確認しなおされている。

以上におけるトマスのテクストの微視的な読解によって明らかになってきたように、引用と区別とは、全く別々の方法なのではなく相互に深くつながっている。権威は、それによって問題の解決が直接的に与えられるような根拠として引用されるのではない。トマスは、様々な問題について考える手がかりを得ようとする場合、まず、その問題に関して伝統的に提示されてきた見解を列挙していく。だが、単純にそこから解答を演繹的に導き出すことはしない。従来の諸見解は一枚岩ではなく、或る種の緊張関係のうちに現前してくるからだ。

実際、しばしば、対立するはずの異論と反対異論の双方が、同等の権威を持った古典的著作からの引用に基づいている。古典的著作からの引用は、問いに対する出来合いの解答を与えるのではなく、むしろ、問題を錯綜させ先鋭化させることによって、問題の核心を浮き彫りにし、細かく詰めた議論を可能にさせる手がかりとして機能する。

トマスは、引用される先行者たちの見解に対して単純に白黒つけようとするのではなく、概念の意味の場合分けや区別を通して、一見相反する先行者たちの見解を併存させうるような新たな地平を開こうと試みている。当時の大学における「討論」のシステムに類似した議論形式を著作形態として採用することによって、先行者の見解を土台に新しい視野を切り拓きつつ、複数の先行者の見解の見所をできるかぎり肯定的に取り出し解釈しなおしながら新たな地平を切り拓くことに成功している。絶妙な区別の導入によって、引用されるそれぞれの権威にふさわしい場を与えつつ、自らの全体的な視野のなかに位置づけなおしている。

中世スコラ学の時代は、現代と比べて、はるかに、読むべきテクストや、引用されるべき権威が共有されている時代であった。そうした学的共同体のなかでは、典拠の引用は、権威の共有による類同性を高めるとともに、その同じ権威をどのような全体的配置のなかでいかなるニュアンスを込めて配置するかによって、それぞれの著者の独自性を、共通性を背景に浮き彫りにできた。

既に述べたように、スコラ学において、「権威＝典拠(auctoritas)」とは、単に抽象的な意味における権威や威信を意味するだけではなく、権威あるテクストそれ自体、または、研究と模倣に値する公に認められた著者(auctor)の著作からの引用を意味している。そのような「引用」の形式を多用することによって、トマスは、伝統の肯定的かつ創造的な受容に成功している。

我々が他者の見解を紹介し、批判的に吟味するさいには、引用以外にも他者のテクストの要約的紹介という方法もある。「引用」と「要約」では、何が異なるのであろうか。

一言で言うと、「要約」の場合には、要約されるテクストのニュアンスや息づかいは消去され、要約者の文体へと還元される。それに対して、「引用」の場合には、引用者の論旨や文体へと還元し尽くすことのできない残余が現存し続ける。的確な解釈とともに引用されることによって、解釈によって置き換えられえないその言葉固有の魅力が輝き出す。

要約の場合には、要約されるテクストは著者によって限りなく完全に統御されている。それに対して引用の場合には、引用されるテクストは、引用者である著者にとって異質な要素を孕むものとして留まり続け、常に新たな解釈を促し続けるような能動的な力を持って、引用する著者と、その著者による引用に触れる読者とを、触発し続ける。[35]

引用するとは、他者によって既に語られたこととして、何事かを語ることだ。だが、それは単なる反復ではない。他者による言明を、他者による言明として明示せずに、あたかも自分自身に由来する言葉であるかのようにして語るならば、それは、他者の言葉の単なる反復になる。それに対して、著者が、他の著者の言葉を、引用であることを明示して語るさいには、その著者は、自らの独自性を誇示はできないが、引用という行為自体によって、自らの著作に、一つの新たな豊かさを付け加えうる。その豊かさは、引用された他の著者の言葉の豊かさにのみ由来するのではない。

引用するとは、著者が、自分自身の言説のみによって事柄を明らかにするのではなく、他者の言説を通して事柄を明らかにすることだ。だが、それは単なる反復ではない。引用という行為においては、たとえ著者が引用された言説に最終的に同意する場合でさえ、引用された言説と著者が距離を取ることが含まれている。著者が、同意することによって、引用された他者の言説と最終的に同一化しうるのは、そもそも、出発点において、著者が、その他者の言説と距離を取れているからこそなのだ。我々は、ここで、引用の両義性とでも言うべきものに注目する必要がある。引用される見解に対する同意がどれだけ強くても、引用という行為自体によって、引用者は、引用対象から一定の距離を設定することになる。[36]

典拠の引用と解釈によって、探究されている事柄の真相が照らし出されるのみではなく、典拠の深い意味自体が照らし出される。それとともに、同時に、あくまでもそういった照らし出し方がその言葉に対する一つの解釈にすぎず、その言葉はそのような解釈に還元されない更なるポテンシャルを持つということが、まさに引用という形式それ自体によって明示される。

トマスは、権威とされるテクストを対話的に取り上げつつ、文脈に応じて、特定の観点に力点を置いた解釈を下していく。それは、必ずしもテクストに対する傾向的な解釈を下すということではなく、むしろ、テクストの孕んでいる意味の深みが、文脈に応じて新たな相貌のもとに浮かび上がってくるという出来事なのである。引用される言葉自体が、同じように引用されている他の諸権威との全体的配置のなかに置かれることによって、新たなニュアンスを獲得する。

トマスは、伝統から孤立して思索しているのでも、伝統に盲従しているのでもなく、伝統の反響を響き渡らせるような仕方で思索し、伝統同士を、そして同じ伝統に棹さしながら思索している者同士を、その不共鳴をも合わせ含みながら、共鳴させている。そもそも、伝統や権威自体、はじめから確固とした形を持って客観的に存在しているのでは必ずしもなく、過去の多様な言説の集積と批判的吟味という地道な作業のなかではじめて現れ出てくる。スコラ学と時を同じくして生まれてきた大学という制度は、そのようないとなみを支える共同的な基盤として機能していた。伝統的な教説とは、単に受動的に引き継げる所与ではなく、多大な努力によって再獲得すべきものなのだ。そして、トマスが伝統を引用しつつ自らの思索の運動のなかに摂取同化していくための方法が、「区別」という方法であった。

四　伝統の受容と変容

既に述べたことから明白なように、トマスがアウグスティヌスなどの「権威＝典拠」を引用するさい、その言葉の意味するところは、「権威主義的」な仕方であらかじめ確定されているわけではない。むしろ、その権威をどのように理解すべきかが議論の対象になっている。権威は、引用するだけで問題の解決を与えうるような固定化された答えとして機能するのではない。異論における権威の解釈の一面性が示されることによって、権威の意味が浮動化され、多くの解釈の可能性に開かれている事実が明らかにされる。そして、そうした意味の浮動化を踏まえたうえで、引用と区別というスコラ的方法の絶妙な組み合わせによって、引用される典拠の意味するところが新たな仕方で明示されていく。

前節で述べた話と関連づけて言うならば、怖れが愛の原因だと主張する『ヨハネの手紙説教』におけるアウグスティヌスの言葉と、反対に愛の方が怖れの原因だという『八三問題集』におけるアウグスティヌスの一見相反する言葉が、トマスによって同じ土俵に持ち出され、多様な区別の組み合わせによって再構成され、複数の権威が併存しうる新たな地平が開かれている。アウグスティヌスのテクストの片方を読むだけでは見えてこないような仕方で、愛と怖れの双方向的な関係性が立ち現れてくる。

それは、たしかに、トマスによって再構成されたものでありながら、だからといって、アウグスティヌスのテクストには元来含まれていなかった意味を外から強引に読みとったり付与したりしているのではない。むしろ、アウグスティヌスのテクストの孕んでいた意味の可能性が、そのような再構成によってこそ、新たな角度から浮き彫りになったということなのだ。

トマスは、区別による再構成を通じて、アウグスティヌスの言葉の孕んでいる意味の広がりを新たな仕方で照らし出し、そうすることを通じて逆に、そのような仕方で照らし出されたアウグスティヌスのテクストによって、自らの探究している問いをより広い視野で深めなおしていくための光を与えられている。トマスの探究に、呼び出された典拠が力を貸しているとも言えるし、逆に、トマスによって設定された文脈のなかに呼び出されて、典拠が新たな力を得ているとも言える。伝統の光に照らされながら事柄の深層を照らし出すトマスの理性の光は、自らを照らし出す伝統をも、新たな光のもとに照らし出す。それは、自らの論旨に都合のよい強引な意味づけを与えることではなく、伝統自体が秘めていた力が活性化されて、新たな光のもとに輝き出すことなのだ。

トマスは、「学知（scientia）」とは、事物の諸概念の単なる寄せ集めではなく「秩序づけられた集積」だと述べている[37]（『対異教徒大全』第一巻五六章）。知的な伝統とは、過去の思想家たちの残した言葉の単なる寄せ集めではなく、「秩序づけられた集積」という多大な努力を伴う作業のなかではじめてその相貌を露わにしてくるものなのだ[38]。

伝統的なテクストの集積を秩序だてて行なうためには、何を集積するかを決定するための基準となるような、そして集積された言葉の価値を評価する基準となるような、何らかの観点が必要となる。トマスの人間論では、それは「善」の「悪」に対する優位、「徳」の「悪徳」に対する優位、感情論の文脈で言えば他の諸感情に対する「愛」の優位という観点であった。

『神学大全』は、哲学的・神学的伝統を単に無機的に体系化した著作ではなく、独自の観点に基づいて有機的に再編成した著作だ。しかも、単に大局的に再編成したのではなく、一つ一つの問題において、一つ一つの項において、権威を引用しつつ、一歩ずつ再解釈・再編成していくいとなみであり、読者自体が、その再編成の現場に招かれていると言えよう。

このような方式で哲学的・神学的伝統を再編成しようとするいとなみは、トマスによって開始されたのではない。トマスの活動よりも一世紀前の一二世紀に、既に、神学的伝統の集積を意図した様々な『命題集』が編集されていた。その代表がペトルス・ロンバルドゥス（一〇九五頃—一一六〇）による『命題集（*Sententiae*）』（一一五五—一一五八）である。この著作は、パリ大学教授のヘールズのアレクサンデル（一一八五頃—一二四五）が一二二二年頃に神学教育の教科書に採用し始めて以来、一七世紀にトマスの『神学大全』に取って代わられるまで、教科書として幅広く使用し続けられた。[39]

種々の『命題集』の作成者たちは、伝来の諸見解を単に包括的に収集し配列しなおしただけの凡庸で独創性のない編纂者と見なされてきた。だが、スコラ学の歴史に関する思想史的観点からの見なおしを代表する論客の一人であるマーシャ・コリッシュによると、こうした見解は一面的なものだ。『命題集』作成者たちの課題は、単なる無味乾燥で包括的な神学教科書の作成ではなかった。

それぞれの作成者たちは、明確な戦略性を持って『命題集』を編んでいた。彼らは、自ら選んだそれぞれの主題を取り扱うにあたって、「権威＝典拠(auctoritas)」の使用に関して、きわめて選別的であった。自らの神学的な立場を正当化する必要があると判断した場合には、いくつかの権威は批判にさらし、支持すべき立場を補強するために他の権威を使用するという区別を行なっていた。[40]『命題集』は、伝統的な命題の単なる寄せ集めではなく、先行者たちの諸命題の「秩序づけられた集積」だったのだ。

そして、知の体系的な集積といういとなみの代表者であるペトルス・ロンバルドゥスの『命題集』から多くを学びつつも、それに取って代わるべき新たな神学の教科書として書かれた『神学大全』は、先行者たちによる伝統の再編成を、更に再編成した作品と言える。

読者である我々にとって、トマスのテクストを読むことは、トマスの思想を孤立させて吟味することではなく、諸々の先行者との関係におけるトマスの思想を味わい、吟味することなのだ。それは、単に、トマスの思想に対する他の哲学者や神学者の影響関係を通時的に明らかにすることではない。そうではなく、トマスのテクストのなかに、その思索の動きの不可分な構成要素として含みこまれている魅力的な引用とそれに対するトマスの編集の仕方や距離の取り方の全体を読みとることだ。

それゆえ、トマスのテクストの独自性は、トマスが肯定的に引用している権威との共通点をあぶり出し、取り去って、権威に還元できないものとして残された「トマス固有」の断片的・部分的要素に見出されるのではない。こうした見方は、トマスのテクストを、いわば生命のない無機的構成物として取り扱う見方だと言えよう。そうではなく、我々は、有機的に構造化された一つの全体的な生命体として、引用によって織り成されたトマスのテクスト全体と対話的に関わることによって、その真価を見出せる。[41]

引用される言葉は、限界を指摘されつつも、トマスによって肯定的な仕方で受けとめなおされる。そのことによって、伝統的見解のなかに潜在しつつも明確には取り出されていなかった洞察が新たな文脈のなかで肯定され活性化されてくる。また逆に、それらの言葉が『神学大全』という大建築に生命を与え、ひいては、読者である我々がそこから肯定的な洞察を導出することを助けていく。

第一部の冒頭において述べたように、トマスは、往々にして、カトリック教会の護教的な神学者と理解されてきた。トマスがそのような仕方で理解されてきたことには、それなりの理由があった。トマスの死後、彼の思想が次第に権威を獲得していくなかで、トマスのテクストを要約したり、抜粋したり、配列しなおしたりした様々な神学教科書が登場してきた。これらの教科書に共通していたのは、トマスにおいてきわめて顕著だった「引用」と「区別」に基づいた対話的な探究の方法が取り去られて、トマスの結論のみを要約的に提示するという執筆形態が採用されたことであった。

相対立する諸権威の見解と共存しうる地平を、区別によって打ち立てていくトマスの方法は、探究の方法であるとともに、読者の精神を広げる教育の方法ともなっている。相対立する権威の主張を絶妙な区別の発見によって調停することによって、引用される権威の意味を流動化させつつ新たな仕方で肯定的に意義づけていくトマスのテクストの力動的な性格は、その内容のみではなく、その方法自体が、読者の探究精神を活性化する教育的機能を有している。『神学大全』は、トマスが引用した著作家たちへと、そして、その著作家たち自身が探究していた真理そのものへと、読者を新たな探究のなかで導き続けていくようなテクストなのだ。

だが、皮肉にも、そのトマスのテクスト自体が、証明され完成された自己完結的な諸命題の固定的な貯蔵庫と見なされることによって、その最も大切な要素が失われた。トマスの権威の確立によって、トマスの精神は、制度化されるとともに、その最も重要な要素を骨抜きにされたとも言える。逆に言えば、教科書的・哲学史的な手垢のついたトマス理解を乗り越えて、トマスのテクストに肉薄していく余地が我々には与えられている。そうすることで、伝統と対話的に共鳴しつつ創造的に新たな肯定的視界を開示し続けていこうとするトマスの精神と自らとを接続させることができよう。トマスの精神と共鳴しつつ、だがそこに限局されない仕方で、現代における新たな肯定的視座を確立していくための手がかりと活力をそこから汲みとり続けていけるのだ。

五　共同探究としての真理探究

トマスは、単に、既存の伝統の体系的総合者ではなかった。伝記作者のトッコのギレルムスは、トマスが聴講者たちに与えた印象に関して、次のような報告を残している。

トマスは自らの講義のなかで新しい問いを立て、解決を与えるための斬新で明晰なやり方を発見し、解決において新しい論拠を導き入れた。こうして、彼が新しいことを教え、新しい論拠に基づいて疑わしいことを解決するのを聴講した者のうちの誰も、神が彼を新しい光によって照らし出したことを疑う者はなかった。[42]

この文章では、「新しい」という言葉が過剰なほどに用いられている。これは、現代ほど「新しさ」や「オリジナリティ」が評価の決定的な基準として機能していたのではなかった中世社会における言明としてはかなり特徴的なものであり、トマスの与えた衝撃が「新しさ」という点においてどれほどだったのかを端的に示している。

引用と区別の積み重ねによって、トマスは地味ではあるが着実に、「真理の明示」を、既存の著者たちには還元されえないような水準で展開することに成功している。トマスは、伝統に対して非常に忠実であるとともに、きわめて革新的でもあった。そして、この二つの事実は、別々のことではなく、同時に成立したものであった。そこに彼の特徴がある。それは、引用される他者のテクストとの緊張を孕んだ受容的な関係性のなかでこそ展開される自立的思考なのだ。

「引用」という方法が自覚的に用いられている文脈においては、引用によって何らかのメッセージが伝えられるのみではなく、引用されるということ自体が、一つの積極的な出来事になる。それは、古人の言葉が、引用者であるトマスによって、自らの探究を促すような力を持つ言葉として受けとめられ、読者である我々へと受け渡されるという出来事だ。先人によって語られた言葉が、トマスによって新たな文脈のなかで受けとめられて、読者である我々に再び提示しなおされる、という出来事だ。そこにおいては、ありのままの受容という面と新たな文脈の形成という面と、二つの緊張を孕んだ側面が統合されている。

古人の言葉は、トマスによって愛された言葉として、トマスによって解釈された言葉として、我々に伝わってくる。独自の風合いを有する古人の言葉が、その独自の風合いを保ったままで、かつトマス的な風合いと響き合いながら、我々に伝えられてくる。

引用される権威は、トマスの思索のなかで新たな構図のなかに置きなおされることによって、新たな意味づけを与えられると同時に、外側から強引に意味づけられたのではなく、その言葉がもともと孕んでいた可能性が現実化させられたという実感を読者に与える。そのような仕方で読者である我々にトマス自身が受け継いだ魅力的な古人の言葉を引き継がせてくれている。

トマスは、『神学大全』や『対異教徒大全』のような体系的著作以外にも、アリストテレスや聖書に対する大部の注解書を書いており、そうした注釈によって獲得された基本的な洞察が、自己自身の構想に基づいた体系的著作にも大きな力を与えている。「注解」と訳されるexpositioというラテン語は、「外に(ex)」「置くこと(positio)」を語源にしている。それは、テクストに潜在的に含まれている洞察をあらためて明示的に開示するいとなみなのであり、注釈されるテクストと注釈者の絶妙な共同作業だ。
引用を方法論の中核とするトマスにおいて、真理を伝えるとは、「伝えられた」ことを「伝える」ことにほかならない。

真理の認識というこれほど大いなる善において助けてくれた人たちに感謝するのは適切なことである。……我々は、我々の先行者のうちの或る人々から、その人々が適切に語っていると我々が信じるところの事柄の真理に関する何らかの見解を受け入れて、他の見解は無視する。そしてまた、我々が〔見解を〕受けとるところの人々もまた、何らかの先行者たちを見出していた。彼らは、それらの先行者たちから〔見解を〕受けとったのであり、それらの先行者たちは、彼らにとって、教えの原因であった。

このテクストは、『アリストテレス形而上学注解』（第二巻第一講二八九節）からの引用だ。[43] 興味深いことに、トマスは、真理探究における「先行者—後続者の連鎖」とも言うべき事柄についての洞察自体を、「先行者」であるアリストテレスのテクストに対して注釈を施しながら語り明かしているのだ。我々が「読む」という行為によって哲学史上の一つのテクストの内部に入りこむことは、単に一つのテクストに触れることにすぎないのではなく、真理探究の先行者と後続者の連鎖のなかへと参入することを意味している。

こうした洞察を通して、我々は、真理の共同探究に携わる「テクスト共同体」――魅力的なテクストを形作る探究者たちの共同体であるとともに、逆にそのようなテクストによって形作られる探究者たちの共同体――へと導き入れられる。[44] いまここでテクスト解読をしている私が、孤独な真理探究のただなかで、そうしたいとなみを可能にしている、多様な時代や文化圏を横断する「テクスト共同体」のなかに、常に既に導き入れられていた事実に気づかされる。空間的・時間的にはるかな距離を超えて成立するそうした「テクスト共同体」の交わりのなかで得た洞察を、我々は、更に、我々の同時代人たちに、そして後続する人々へと託していく。第三章で既に引用したように、トマスは次のような有名な言葉を残している。

> 単に輝きを発するよりも〔他のものを〕照明することの方がより大いなることであるように、単に観想するよりも観想の実りを他者に伝えることの方がより大いなることである。（II-II, q.188, a.6）

真理を探究するとは、真理を共同的に探究することにほかならない。真理を開示するとは、先人の共同探究の成果であるテクストという贈り物に感謝しつつ、そのようなテクスト群の豊かな意味世界を解読し、得られた洞察を豊かに統合しながら、更に後続者へと受け渡していく動的な伝達のいとなみにほかならない。

トマスは、そのキリスト論（『神学大全』第三部）のなかで、「キリストは自らの教えを書物で伝えるべきであったか」という興味深い問いを立て、次のように答えている。

キリストが自らの教えを書き記さなかったのは適切なことであった。……それは、何らかの秩序に基づいて教えがキリストから万人のもとへと到達するためであった。すなわち、キリスト自身はその弟子たちを直接に教え、弟子たちは後で他の人々を言葉と書物によって教えた。他方、もしキリスト自身が書き記していたならば、その教えは直接的に万人のもとに到達したことであろう。（III, q.42, a.4）

このテクストの意外性は、キリストの教えが「直接的に」万人のもとに到達するよりも、「何らかの秩序に基づいて」、すなわち、キリストが弟子たちに教え、その弟子たちがまた次の弟子たちに教え、といった仕方で、間接的・媒介的に教えが広がっていく方が好ましい、とトマスが考えているところに見出される。なぜトマスがそう考えるかというと、それは、キリストの教えが万人に直接的に語られるさいには起こらない出来事が、間接的な伝達の場合には起こるからだ。それは、真理を探究し解釈しつつ伝達する人間同士が相互に深く結びついていくという出来事にほかならない。

本章では、トマス哲学の基本的な方法論であるスコラ的方法の構造を浮き彫りにするための具体例という観点から、感情論を取り上げた。だが、じつは、感情論は、スコラ的方法の分析のための一例にすぎないのではない。トマスの感情論が示唆するものと、引用という方法論が示唆するものには、或る共通点がある。それは、人間の心が、他者との出会いによって活性化され賦活される、という構造における共通性だ。

感情論においては、感情の「対象」は感情の「形相」だという点が指摘され、「対象」が、感情を抱く主体と不可分の構成要素となるまでに深く結びつくことが語られていた。「対象」のはたらきかけを「受動」し、感情を抱くことによって、我々の心は、多様な外界の諸事物・諸人物や諸々の出来事によって豊かに触発され、賦活されていく。

それと同じように、我々の知的探究は、他者の言葉との出会いによって賦活される。他者の真理探究活動が凝縮されている優れたテクスト（からの引用）によって触発され、賦活されていく。そこには、自らの内発的な思索のみによっては獲得できない豊かさがある。先人たちの贈り物であるテクストの魅力を感知し、「受動」することによって、読者である我々自身の心が活性化され、そのテクストとの共同作業において新たな意味世界を開示し、後続の人々へと同じようにそれを受け渡すべく、我々は、古くかつ新たな真理探究の共同的ないとなみへと呼び出されていくのだ。

第二部　神学という光源

第一部で見たように、人間の哲学的探究は、個人の心という孤独な空間のなかにおいて徒手空拳で行なわれるのではなく、他者の言葉――同時代の言葉であれ古典的な言葉であれ――に触れることによって賦活される。トマスにおいて、そのような他者の言葉とは、アリストテレスやアウグスティヌスといった哲学者の言葉であるのみではなく、何よりも、聖書の言葉であった。

キリスト教神学のなかでは、伝統的に、聖書の言葉は「神の言葉」として受けとめられてきた。ここで気をつけなければならないのは、神の言葉は、人間が既に抱いている既存の問題に対して安直な解答を提供するものとして機能するのではなく、人間に対して新たな問いを突きつけてくるものと受けとめられていた点だ。

聖書に登場する「預言者」は、「神の言葉を預かる者」という意味であって、未来を予言するという意味での「予言者」ではない。神の言葉に触れた――いやむしろ触れられた――預言者たち(モーセやエレミヤなど)は、神の言葉の媒介者に選ばれたことを誇りにするどころか、怖れおののきながら、口を揃えて、自分がいかにそういった役割にふさわしくない取るに足りない人間であるのかを語る。神の言葉を語る預言者のこうした在り方は、セム的一神教の全体――ユダヤ教、キリスト教、イスラム教――に共通している。

神の言葉は、その言葉と出会う人間――預言者であれ、預言者を通して言葉を受けとる人々であれ

――に対して、心の安定や知的な満足の拠点として安住しうる固定的な何かを与えるのではない。それどころか、人間は、既存のものの見方を揺り動かされるような衝撃を与えられる。人間の側の思いや把握を超えてはたらきかけてくる「神」と呼ばれる他者の語りかけに直面して、人間は、「答え」を与えられるどころか、新たな「問い」を与えられる。自らに語りかけてくる何者かをとりあえず「神」と呼ぶことはできるにしても、その「神」がどのような存在であるのかは、いっこうに明らかでない。「答えとしての神」ではなく、「他者としての神」「問題としての神」が、聖書に表現された神の基本的な在り方なのだ[45]。そして、人間は、「神の言葉」との格闘のなかで、既存の世界理解や自己理解を相対化する知的探究へと促されていく。

トマスは、「信仰と理性の調和」または「神学と哲学の統合」を達成したという言明は、哲学史上の常套句と言ってもよい。だが、このような言い方には、誤解を招くところがある。というのも、「信仰と理性の調和」という表現には、「信仰」という非理性的なものを、「理性」と接続させていくというニュアンスが含みこまれているが、トマスに特徴的な考え方は、信仰自体の知的性格を説いているところに見出されるからだ[46]。

トマスにおいて、「信仰」とは、「希望」「愛」と並ぶ「対神徳」――人間を神との関係において完成させる徳――の一つである。「徳(virtus)」とは、人間の「能力(potentia)」を完成させるものであり、それぞれの徳は、どのような能力を完成させるのかという観点から、人間論のなかに位置づけられている。

そのさい、「意志」を完成させる徳である希望や愛と異なり、信仰は「知性(intellectus)」を完成させるものとされている。信仰は、知性と異質なものであるどころか、知性を完成させる徳として、最初から知性とのつながりにおいて把捉されている。

「信仰の理解（intellectus fidei）」というスコラ学の標語は、あたかも、非理性的・非論理的な信仰に対して、外から理性的な概念装置を適用することによって、或る程度、信仰を合理的・論理的な理解へともたらそうとしている、という印象を与えがちだ。だが、トマスの場合、信仰は非合理的なものと捉えられていない。「知」と区別され対比される「信仰」自体が、知的性格を有するものとして語られている。

実際、『神学大全』の信仰論（第二部の第二部第一―一六問題）の第一問題は、「信仰の対象は第一の真理であるか」という「真理」に関する問いによって始まり、第三問題は「信仰の徳それ自体について」と題され、信仰を知的な「徳」として捉える基本的な観点が提示される。「信仰」は、神に対する「絶対依存の感情」（シュライエルマッハー）のような情緒的なものではなく[47]、知的な色彩の強い徳なのだ。

「徳（virtus）」とは、人間の有している能力を最大限に発揮させることを可能にする「力（virtus）」である。「信仰の理解」によってもたらされる「知」の「力」によって、「信仰」という「徳」は強められ、また、「信仰」という「徳」の「力」によって、「知」は探究の新たな方向と原動力を与えられる。

現代では、「信仰」は非理性的・反理性的なものと捉えられることが多いが、トマスのテクストには、そういった考え方とはきわめて異なった信仰理解が現れている。「神」という他者の言葉は、理性と相反するどころか、理性的な哲学のいとなみに新たな探究の領野を開示する契機として機能しうる。それは、理性の徹底的ないとなみが、理性のいとなみであるままに、理性を超えたものへと開かれていくという自己超越的な在り方を可能にするものなのだ。啓示の言葉をも探究の視野のなかに収めることによって、知的探究は、非理性的で硬直化したものになってしまうどころか、新たな刺激と探究材料を与えられ豊かになる。

トマスにおいては、この世界を超えた神について知ることは、我々の眼前にあるこの感覚的世界を知ることとかけ離れた作業なのではない。感覚的世界に関する豊かな認識を得ることが、神についての知へとつながり、翻って、神学的な洞察という光のもとで、この感覚的世界の構造が、新たな観点から浮かび上がってくるという生産的な循環構造が成立している。

本書の第一部では、人間の感情の根源的に肯定的な性格を様々な角度から見てとった。トマスは、世界全体の創造者である「善き神」という理想的な存在者の実在を「信仰」において認めているから、人間に対して、そしてこの世界全体に対しての肯定的な見方ができるだけではないかと反論する人がいるかもしれない。トマスにおける肯定的な視座は、宗教的な信念を前提にした或る種の思いこみにすぎず、合理的な根拠はなく、宗教的信仰を離れては有効性を持たないのではないかという疑問だ。

だが、事態は正反対なのである。というのも、超越的な「神」の存在を認めることが、この多様な世界や有限な人間に対する肯定的な見方につながるどころか、この世の生を軽く見ることや、自他に対する攻撃的な態度につながりうることは、様々な宗教的狂信や不寛容、そして宗教的テロリズムの存在などを瞥見するだけでも明白だからだ。

第一部で主題としたトマスの感情論のうちには、明示的に神学的な要素はほとんど見受けられない。あくまでも、経験的・理性的・哲学的な仕方で考察が進められている。具体的・感覚的な経験や哲学史上の優れた先人たち（アリストテレスやアウグスティヌス）の残した言説に基づいた理性的な考察によって論が展開されている。

トマスは、理性や感覚に基づいた万人に通用しうる仕方で人間本性に対する肯定的な態度を根拠づけることによって、宗教的・超越的次元の事柄をも肯定的に位置づけなおすような視座を開くことに成功している。また、超越的次元の事柄をも肯定的に捉えることによって、逆に、感覚的世界に生きる人間をより一層肯定的に捉える光をも獲得している。神学という学問は、狭い意味での信仰者のみにとってしか意味を有さないのではなく、人間に関する普遍的な洞察を与えてくれるもう一つの「光源」ともなりうるのだ。

この第二部では、こうした観点から、神の感情（第五章）とキリストの感情（第六章）についての考察を進めていく。そのさい、神やキリストに関する認識を深めるという神学的な探究自体のみを目的とするのではない。そうではなく、「肯定の神学」――神論とキリスト論――という迂路をたどることによって、トマスの人間論を照らし出すための新たな光源を獲得し、「肯定の哲学」――肯定的人間論――をより包括的な仕方で構築していきたい。

第五章　神に感情は存在するか

トマスのテクストには、あらゆるものを認識して言語によって語り尽くそうとする方向性と、この世界の全体は認識されず言語によって語り尽くせないことを徹底的に強調していく方向性との両義的な緊張関係が見出される。人間の認識能力と言語表現能力に対する徹底的な信頼と、それを超えた実在の豊かさに対する畏敬の念が、緊張関係を絶妙に保ちつつ統合されている。

キリスト教思想においては、古代以来、「神」の言表不可能性や把握不可能性を主張する言説が、根強く流通してきた。有限な存在である人間は、無限な存在である神をありのままに認識しえず、人間の言語は神の在り方をありのままに表現しえない。それゆえ、神のことを「……である」という仕方で積極的に捉えるのではなく、「……でない」という否定的な表現の駆使によって少しでも神の在り方に肉薄していこうという戦略（否定神学）がしばしば採用された。神がどのような意味で「善である」のかを肯定的・積極的に規定すること（肯定神学）はできなくても、少なくとも神は「悪ではない」とか「物体ではない」という仕方で否定的に規定することはできるという考えだ。

こうした否定神学的伝統の代表者であるディオニシウス・アレオパギタ（六世紀頃）の『神名論（*De divinis nominibus*）』についての詳細な注解書を残している事実からも分かるように、否定神学的伝統に対する深い理解をトマスは有していた。

だが同時に、トマスのうちには「神」の言表不可能性や把握不可能性という立場を相対化しようとするはっきりとした態度が見受けられる。「神」が人間の言語では「語りえぬもの（ineffabilis）」であること、言表不可能な超越性を有すること、トマスは、このような事実を認めることにやぶさかではない。実際、トマスのテクストは、そうした言明によって充ち満ちているとも言える。しかし、「神」の「超越性」や「言表不可能性」をあまりに強調することは、かえって「神」の卓越性を制約してしまう——「神」の「超越性」や「言表不可能性」をむしろ弱めてしまう——とトマスは考える。というのも、神の「（世界）内在性」や「言表可能性」を捨象して「超越性」のみを強調することは、一見、神を人間による理解の、そして人間の言語の制約から解放するように見えて、実のところは、人間によって理解されたかぎりでの「超越性」という思いこみのなかに「神」を限定してしまうことになるからだ。

逆に、人間は、把握し尽くされえない神[48]、語り尽くせぬ神について、身近な感覚的世界に由来する様々な概念装置を組み合わせながら可能なかぎり語る努力を積み重ねていくことによって、この世界自体の構造——とりわけこの世界の住人である自己自身の構造——についてより深く認識するためのもう一つの光源を獲得し、新たな角度から認識を深めていける。神は「語りえぬもの」と最初から決めつけてしまうことによっては得ることができない豊かな洞察が、「語り尽くせぬもの」である神について、可能なかぎり人間的言語を積み重ねながら語る試みによって、獲得できる。

そして、この神の言表可能性と言表不可能性との絶妙な緊張関係が最も先鋭化した仕方で表現されている問題の一つが、神の「感情」をどのように語ることができるのか、またはできないのか、という難題だ。

それゆえ、本章では、「感情」に関わる言葉が、神に関して、いかなる仕方で語られるのか、または語られないのかを、トマスのテクストに基づいて分析しつつ、神における「感情」の構造が、我々自身における「感情」の在り方の考察に対してどのような示唆を与えるのか、浮き彫りにしていきたい。

一　苦しむ神と苦しまない神

キリスト教神学では、基本的な教えが確立された教父時代(二世紀から八世紀)以来、伝統的に、神は「不受動的(impassibilis)」な存在として語られてきた。「神」という言葉で名指されてきた何ものかが実在するのであれば、それは、「全知」「全能」であるはずであって、人間のように、外界から意に反して思いがけず他のものの影響を「被る」とか「受動する」ことはないとされてきた。神に

「受動（passio）」が欠落しているということは、神に「感情（passio）」が欠落しているということにほかならない。

だが、二〇世紀以降、こうした神の「不受動性（impassibilitas）」という教説に疑問を抱く多数の神学者や宗教哲学者が、神の「受動可能性＝受苦可能性（passibilitas）」を認めるべきだという考えを打ち出している。そして、「受動可能論者（passibilist）」と、伝統的な「神の不受動性」の教説を維持する「受動不可能論者（impassibilist）」とのあいだで、活発な議論が展開している。

神の「受動可能性＝受苦可能性」という考えが打ち出されるようになってきた背景には、二度にわたる世界大戦や、アウシュヴィッツに象徴される全体主義体制によってもたらされた凄惨な歴史的現実を前にして、「全知全能の善き神による世界全体の摂理」という伝統的な有神論的言説の妥当性が疑われるようになってきた事実がある。類似した観点から、神の「受動可能性」という表現以外にも、神の「弱さ」といった言い方がされることもある。[49]

歴史神学者のアリスター・マクグラス（一九五三―）は、神の受動可能性＝受苦可能性が強調されるようになった背景として、第一次大戦後に顕在化した三つの要因を指摘している。第一の要因は、「抗議する無神論の登場」である。戦争の与えた非常な恐怖を背景に、世界における苦難・苦痛に対して不受動的に超然としている神など、どうして信じることができようか、と神への信仰に対する深刻な道徳的抗議が行なわれたのだ。このような「道徳的無神論」とでも名づけるべき態度は、ドストエフスキー（一八二一―一八八一）の『カラマーゾフの兄弟』（一八八〇）に登場するイワン・カラマーゾフ――彼は無垢な子供の苦難が正当化されうることを拒否する――のように、一九世紀に既に現れ始めていた。カミュ（一九一三―一九六〇）は、『反抗的人間』（一九五一）のなかで、イワンの抗議を、「形而上学的反抗」と名づけている。[50] 具体的な権力や権威に反抗するのではなく、この世界の不条理そのものに対して反抗するという意味だ。

こうした道徳的な形態の無神論に対して、信頼できる神学的応答が要求され、それに応えるものとして出てきたのが「苦しむ神の神学」で、その代表的な著作は、北森嘉蔵（一九一六―一九九八）の『神の痛みの神学』[51]（一九四六）とユルゲン・モルトマン（一九二六―）の『十字架につけられた神』[52]（一九七二）であった。

マクグラスが指摘する第二の要因は、「十字架の神学」を打ち出した「ルターの再発見」である。ルター（一四八三―一五四六）は、『ハイデルベルク討論』（一五一八）のなかで、被造物に現れた神の栄光・力・知恵を強調する「栄光の神学（theologia gloriae）」に対して、キリストの十字架の苦難と卑賤に隠れている神を強調し、「十字架につけられた神（Deus crucifixus）」という表現をも使用している。ルターの著作の多くは未出版であったが、生誕四百年の一八八三年に、ヴァイマール版著作集の出版が始まり、とりわけ一九二〇年代に、ルターの「十字架の神学」や「苦難に隠されている神」の思想に対する関心が強まった。

第三の要因は、「教理史運動の影響の増大」である。「教理史運動」とは、ドイツを中心に一九世紀末に頂点に達した運動であり、教会の教理体系が、教父時代の社会的・文化的な環境の影響下に大きな時代的制約を受けたと考え、教理の歴史的起源を批判的に明らかにすることによって、伝統的な教理によって覆い隠されてしまっているイエスの真の教えを取り出そうとする運動であった[53]。

教理史運動の代表者であるプロテスタント神学者のアドルフ・フォン・ハルナック(一八五一―一九三〇)は、『教理史教本』(一八八六―一八八九)のなかで、パレスチナで生まれたセム的な動的世界観(ヘブライズム)に基づくキリスト教の福音が、ヘレニズム(古代ギリシアの文化)の影響下に、静的なギリシア的思惟方法に依拠した教理の形成によって歪められたと考えた。そして、三位一体とかキリストの受肉——神が人となること——のような抽象的な教理ではなく、イエスの説いた愛の教えを中心とした実践的な倫理を軸にキリスト教の教えを再構成しようとした。キリスト教の脱ヘレニズム化によってはじめて、イエスの教えの原点に立ち戻れると考えた。

「福音のヘレニズム化」を批判するハルナックの捉え方は、今日では、その一面性がしばしば指摘されているが、その基本的な枠組みにはいまだに有効な点もある。その代表的なものの一つが、神の受苦不可能性という教理だ。伝統的なキリスト教神学における神の受苦不可能性という教えは、聖書に基づいて生まれてきたのではなく、ギリシア哲学の影響下に成立したものだとしばしば指摘される。完全なものは自己充足的であり、他のものからのはたらきかけを受けて変化させられることはないというギリシア哲学の基本的な発想が、「完全」な存在者であるキリスト教の神に応用されることによって、神の受苦不可能性という教理が成立したのだと主張される。神の受苦不可能性=受動不可能性という教えは、福音のヘレニズム化によって生まれてきた、聖書とは基本的に異なる発想だという指摘だ。なぜなら、聖書には、神の「愛」や「怒り」という類の感情的表現が頻出しており、また、新約聖書における「苦しみ」に満ちた十字架上での神人キリストの「受難(passio)」の物語は、「神の受苦不可能性」の教理と、正面から対立するようにも見えるからだ。[54]

そして、マクグラスのように、神の「受動可能性＝受苦可能性」に対して好意的な論者は、アンセルムス(一〇三三—一一〇九)やトマス・アクィナスなどの伝統的な西洋的神観の妥当性を否定している。人間と共に苦しむことのない神など、真の意味で人間を愛する神とは言えず、聖書に表現されている情緒豊かな神の在り方から遊離した抽象的神学を形成してしまったと批判されるのだ。だが、トマスに代表される伝統的な神観は、批判的に評価せざるをえないものなのであろうか。それとも、神の「受動不可能性＝受苦不可能性」を強調しているトマスの神観を、積極的に評価するような解釈を構築できるのであろうか。

二　神の愛の能動的性格

トマスは、『神学大全』第一部の第二〇問題「神の愛について」の第一項で、「神において愛が存在するか」という問いを立てている。「愛の宗教」と言われるキリスト教のなかで「神の愛」が有しているはずの中心的な位置づけを考慮するならば、こういった問いがあらためて問題になっていることは、驚きを与えるものと言えよう。トマスは、「神は存在するか」というような類の問題も立てているので(I, q.2, a.3)、実際に神の存在や神における愛の存在を疑問視しているのではなく、より深い議論を進めていくための出発点として、まずは基本的な点の確認から話を始めていると解することもできよう。そして実際、最終的には、それぞれの箇所で、神の存在や神における愛の存在は肯定される流れとなっている。

だが、だからといって、「神において愛が存在するか」という問題は、トマスがどう答えるか読む前から答えが予想されるような、単なる形式的な問いにすぎないのではない。受動的な感情(passio)とは異なる在り方で神における愛は存在しているという重要な帰結を彼は導き出している。トマスは、「神において愛は存在しない」という立場に立つ三つの異論を紹介しているが、そのなかでも最も中心的な異論は、次のものだ。

神において愛は存在しないと思われる。というのも、神においては、いかなる受動＝感情(passio)も存在しない。愛は受動＝感情(passio)である。それゆえ、神において愛は存在しない。(I, q.20, a.1, arg.1)

passioというラテン語は、「受動」「感情」「受難」「苦しみ」といった意味の広がりを有している。「受動」と「感情」という、日本語だけで考えると大きく異なっている二つの概念が、一つの言葉で捉えられている。それは、既に述べてきたように、「感情」は心のなかから自発的に生まれてくるというより、外界からの影響を受動的に被ることによって生まれてくるという事実に基づいている。

ところが、全能の神は、徹頭徹尾能動的な存在であり、また、非身体的・非物体的な存在だから、外部からの影響を受動的に被って変化させられることはない。「いろいろと経験して神も大人になった」という発言がいかに奇妙かを想像してみると、そのことは明白であろう。

全能の神には、対象からの影響を否応なしに被ってしまうという意味での不完全性を含意する「受動的な能力（potentia passiva）」は存在せず、「能動的行為の原理（principium actionis）」である「能動的な能力（potentia activa）」のみが存在する。トマスはその『能力論（*De Potentia*）』では次のように述べている。「神においては能動的な能力はその本質と同一なのである」（q.1, a.1）。神は能動的な能力を有しているというよりは、むしろ、本質的に、能動的な力そのものなのだ。それゆえ、受動性の影すらない徹底的に能動的な存在である神には、受動的感情（passio）は存在せず、passio の一種である「愛（amor）」もまた存在しないことが帰結する。

それでは、神のうちには愛は全く存在しないことになってしまうのであろうか。トマスは、『神学大全』で次のような反対異論を紹介している。

しかしその反対に、〔新約聖書の〕『ヨハネの第一の手紙』第四章〔第一六節〕には、「神は愛である」と述べられている。（I, q.20, a.1, s.c.）

相反する立論に直面しつつ、トマスの与える解決は、「感覚的欲求の活動（actus appetitus sensitivi）」としての「受動的感情（passio）」と、「知性的欲求（appetitus intellectivus）」すなわち「意志（voluntas）」の活動とを区別することである（I, q.20, a.1, ad 1）。この後者の活動を、トマスはしばしば、「意志の単純な運動（simplex motus voluntatis）」ないし「意志の単純な活動（actus）」と呼んでいる。それは「受動的感情」とは異なり、純粋に内発的で能動的な心の動きだ。そして、神のうちには、「受動的感情」としての愛は存在しないが、「意志の単純な運動」としての能動的な愛は存在する。「神は、一にして単純で常に同一の仕方に留まる意志の単純な活動によって、万物を愛する」（I, q.20, a.3）。

感覚的欲求の活動は、付加された身体的変容を有しているかぎりで、受動＝感情（passio）と言われるが、意志の活動（actus voluntatis）はそうではない。それゆえ、愛や喜びや快楽は、感覚的欲求の活動を意味するかぎりでは受動＝感情だが、知性的欲求の活動を意味するかぎりではそうではない。そして、このような〔後者の〕仕方で〔愛や喜びは〕神のうちに措定される。それゆえ、アリストテレスは、『ニコマコス倫理学』第七巻〔第一四章1154b26〕のなかで、「神は一にして単純なはたらきによって喜ぶ」と述べている。（I, q.20, a.1, ad 1）

このテクストの末尾において、トマスが、キリスト教的な神の不受動性＝受苦不可能性を、アリ

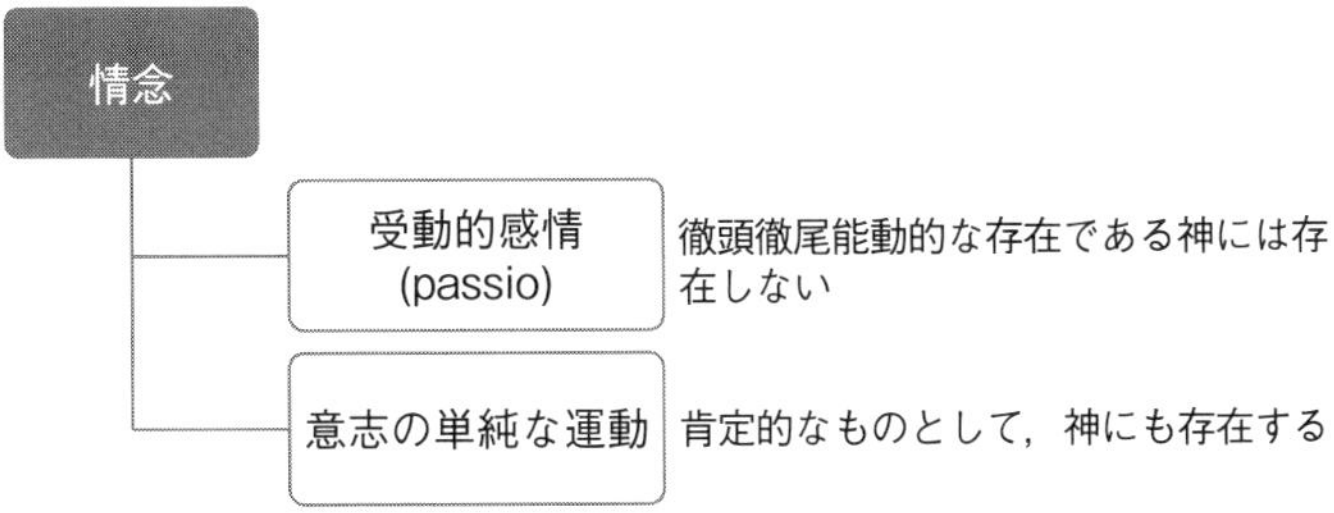

図５　「受動的感情」と「意志の単純な運動」

ストテレス的な神の在り方と意識的に結びつけている点は、注目に値する。トマスは、キリスト教成立以前の古代ギリシアの哲学者であるアリストテレスのテクストに現れる「神」を、異教の「神」として否定せずに、キリスト教的な神との親近性を探り、それと接続させることを試みているのだ。

トマスによると、「受動的感情」と「意志の単純な運動」との区別は、「愛」のみではなく、他の諸々の情念についてもあてはまる。トマスにおけるこのような区別を日本語で表現するために、本章の以下の論述では、「情念」という日本語を、「受動的感情」と「意志の単純な運動」の両者を含む上位概念として使用することとする。トマスはこのような上位概念を明示的に使用してはいないが、「受動的感情」と「意志の単純な運動」の両方をまとめて指示することのできる用語を導入することによって、神と人間における心の動きの連続性と非連続性の両方がまとめて捉えやすくなるからである[55]（図５）。

トマスによると、非身体的な純粋知性的存在である神や天使において存在する「情念」は、「意志の単純な運動」のみであり、非知性的存在である諸動物において存在する「情念」は、「受動的感情」のみだ。それに対して、心身複合体である人間の場合には、「受動的感情」と「意志の単純な運動」の両方が存在する。

三　神の情念の肯定的性格

情念に関わる言葉が、「意志の単純な運動」として神に使用されるさいには、「愛」や「喜び」といった肯定的な情念の場合と、「悲しみ」や「怒り」のような否定的な情念の場合とでは、大きな違いがある。そのことを、トマスは、我々にとってより身近な「受動的感情（passio）」の構造と対比させながら、次のように説明している。

感覚的欲求の感情においては、質料的要素と形相的要素を区別できる。質料的要素とは身体的変化のことであり、形相的要素とは「欲求（appetitus）」のことである。[56] たとえば、「怒り」の場合には、素材としての質料的・身体的要素は「心臓周辺の血液の沸騰」である。他方、「怒り」を「怒り」たらしめ、「怒り」という現象の説明原理を与えて「怒り」の本質を規定する形相的要素は「復讐の欲求」である（I, q.20, a.1, ad 2）。

しかるに、形相的要素のうちには、「不完全性」を含意するものと含意しないものがある。不完全性を含意するのは、欲望や悲しみや怒りにおける形相的要素であり、不完全性を含意しないのは、愛や喜びにおける形相的要素だ。たとえば、「欲望（desiderium）」は、「所有されていない善」に関わっている。第一章で詳述したように、欲望は、いまだ実現していないからこそ欲望なのであり、その意味で、未達成・非所有という否定性・不完全性を含意している。また、悲しみは「所有された悪」に関わっている。すなわち、迫り来る悪を避けたかったにもかかわらず避けえず、その悪に捉えられてしまったという意味での否定性・不完全性を含意している。また、怒りは、悪に捉えられてしまった悲しみを前提としたうえで、その悲しみを引き起こした悪へと立ち向かっていく心の動きを意味しており、悲しみと同様の否定性・不完全性を含意している。

それに対して、「善が気に入ること(complacentia boni)」と定義される愛の場合には、何の欠如性・否定性・不完全性も含意されていない。また、「現在の所有されている善」に関わる喜びの場合にも、同様に、何の欠如性・否定性・不完全性も含意されていない。

ところが、形相的側面において不完全性を含意しない愛や喜びという情念であってさえ、その質料的側面においては神にはあてはまらない。ましてや、形相的側面において不完全性を含意する「欲望」や「悲しみ」や「怒り」といった情念を本来的な意味で神に帰属させることはできない(I, q.20, a.1, ad 1)。

これらの不完全性を含意する情念が神について語られるのは、「結果の類似」ゆえの「比喩的な仕方において」でしかない。

怒りやこれに類するものは、結果の類似ゆえに神に帰属させられる。罰することは怒ってい

る者に固有なことだから、神の罰が比喩的な仕方において怒りと呼ばれる。(I, q.3, a.2, ad 2)

トマスによると、「我々の〔人間の〕知性は、被造物から神を認識するのだから、被造物が神を表現しているかぎりにおいて神を認識する」(I, q.13, a.2)。そして、我々は、そうした認識に基づいて、被造物に対して使用する表現を、その創造者である神についても適用する。そのさい、被造物の何らかの完全性を含意する表現は、その完全性の程度を最大化する仕方で神について使用できる。たとえば、「在るもの」「善きもの」「生けるもの」といった名称である。これらは、「固有な仕方において」神について語られる(I, q.13, a.3, ad 2)。神は、「最大限に在るもの」「最大限に善きもの」「最大限に生けるもの」なのだ。情念に関わる言葉に関して言えば、「愛」や「喜び」といった完全性を含意する情念は、その完全性の程度を最大化する仕方で、固有な意味において神について使用できる。神のうちには、最も大きな愛や最も大きな喜びという肯定的な感情が存在しているのだ。

それに対して、「神は獅子である」とか「神は石である」などのように、物体的に存在するもの(獅子、石)に基づいた表現は、「神は最大限に獅子である」とか「神は最大限に石である」といった意味では解されえない。物質的なものは、大きさに関しても持続性に関しても限界があり、その意味で不完全性を含意している。そして、不完全性を含意しているかぎり、「完全性」をその本質とする神に固有な仕方においてあてはめることはできず、「比喩的な仕方において」神の力強さや堅固さを意味していると解されなければならないからだ。感情に関わる表現に関して言えば、「欲望」

や「悲しみ」や「怒り」といった不完全性を含意する情念は、「結果の類似」ゆえに神について使用されているものと解されなければならない。

神においては、或る事柄は固有な意味で語られるが、或る事柄は比喩的な意味で語られる。何らかの人間的感情が神の述語づけに比喩的に採用されるさいには、それは結果の類似に基づいて為される。それゆえ、我々におけるこのような感情の徴《しるし》となるところのものが、神においては、その感情の名によって比喩的に表示される。たとえば、我々のもとでは、怒っている人は罰するのが習いであるから、罰自体が怒りの徴であり、それゆえ、怒りが神に帰属させられるさいには、怒りという名称によって罰自体が表示されている。（I, q.19, a.11）

聖書のなかでは、たしかに、「神の怒り」という表現が使用されている。だが、トマスによると、そうした表現が存在するからといって、実際に神のうちに「怒り」という情念が存在するわけではない。「受動的感情」としての「怒り」が存在しないのはもちろんのこと、「意志の単純な運動」としての能動的・自発的な「怒り」も存在しない。なぜならば、神のうちに「怒り」が存在すると認めると、神のうちに不完全性が存在すると認めることになってしまうからだ。というのも、既に述べたように、「怒り」は、定義上、「困難な悪」を回避できずに巻きこまれ、そのうえでその困難に立ち向かっていく精神の動きを含意しているのだから、神のうちに「怒り」が存在すると認めることは、克服困難な悪に圧倒されてしまうような無能力という不完全性を神が有していることを認めてしまうことにつながってしまうからだ。

それでは、「怒り」を神に述語づけている（神について語っている）聖書の言葉はどのように解釈できるのだろうか。トマスはそのことを明らかにするために、人間の場合に「怒り」が語られる場面の分析を手がかりにしている。人間は、「怒り」を抱くと、そのきっかけとなった相手に対して「報復」である「罰」を与えようとする。「怒り」が「原因」となって、「罰」という「結果」が生じてくる。逆に、誰かが他の人に「罰」を与えようとしているとき、我々は、その誰かの心のうちに「怒り」という情念が存在していることを想定できる。その意味で、「罰」は「怒り」の「徴」なのだ。「煙」があればその原因としての「火」があることが容易に想定される。その意味で、「煙」は「火」の「徴」と言えるが、それと同様の仕方で、「罰」は「怒り」の「徴」だと言える。こうして、「怒り」と「罰」という二つの概念は人間の場合に非常に密接に結びついているので、人間の言葉によって不完全ながらも神について語ろうとするときに、「怒り」という分かりやすい表現を使うことによって、実際には、それと密接に結びついた「罰」そのものが意味されているのだ、とトマスは述べている。これが「結果の類似」に基づいた比喩的な表現の成立根拠だ。トマスは更に詳しく次のように説明している。

善の特質は欲求されうるものという特質であり、悪は善に対立しているのだから、何らかの悪が悪であるかぎりで欲求されることはない。……だが、何らかの悪は、何らかの善に伴うかぎりで、付帯的な仕方で欲求される。……神は、自然的な欠陥という悪または罰という悪を、このような悪がそれに結びついているところの何らかの善を意志することによって、意志するのだが、それはたとえば、正義を意志することによって罰を意志するようなものである。
(I, q.19, a.9)

このテクストを読み解くための鍵は、「神の意志の肯定性」という観点をトマスが徹底的に貫いていることを正確に読みとることにある。神の意志によって、たしかに、悪人に罰が下される。だが、神は、悪人が罰という悪を被ることをそれ自体として意志しているのではなく、まして悪人の苦しみに喜びを抱くこともない。悪に満ちたこの世界に対して、神の意志はあくまでも肯定的な仕方ではたらき続けているとトマスは捉えている。

神が悪人に「罰を意志する」さいに起こっているのは、悪人のふるまいによって心を揺り動かされてどうしようもなく「怒り」が煮えたぎるといった事態ではない。そうではなく、罰の実施が正義の秩序の維持のために必要だとの観点から、正義の維持のための手段である罰の実施を正義の秩序への愛に基づいて意志する神の在り方が、比喩的な仕方において神の怒りと呼ばれている。それは、我々の認識にとってより身近な対象であり、感情に関わる我々の言葉がそこに由来する人間の場合に、罰が怒りの徴となっているからだ。

上述のように、情念のうちには、「受動的感情」と「意志の単純な運動」の両方が存在するが、神のうちには「受動的感情」は存在せず、「意志の単純な運動」のみが存在する。だが、人間の情念と神の情念の相違はそれだけではない。人間において「受動的感情」として存在する諸情念のすべてが、一対一で対応するような仕方で、神のうちにおいて「意志の単純な運動」として存在するのではない。神に本来的な意味で存在するのは、愛や喜びといった不完全性を含意しない情念のみであって、欲望や怒りのような不完全性を含意する情念は、比喩的な仕方において語ることができるのみなのだ。

トマスのこの論述で注目に値するのは、「欲望」が不完全性を含意する情念に分類されている点だ。本書では、「善」との関係の構築に関わる「愛」「欲望」「喜び」を「肯定的な情念」として分類し、「悪」の回避に関わる「憎しみ」「忌避」「悲しみ」を「否定的な情念」として分類してきた。だが、トマスは、神の情念に関わる論述のなかでは、「欲望」を「不完全性を含意する情念」に分類している。そうすると、「欲望」を「肯定的な情念」と見なしてきた本書の論述は不適切だったのであろうか。

この問題を解決するための鍵は、「肯定的か否定的か」という分類と、「不完全性を含意するかしないか」という分類は、区別して捉えうる点に着目することのうちにある。端的に言うと、「欲望」は「不完全性を含意する肯定的な情念」なのである。第一章で詳述したように、人間が欲望を抱くのは、欠如を抱えているからだ。人間が自己充足的な存在ではありえず、自らの外にある「善」との関係性を構築していく必要があるからこそ、人間は欲望を抱く。それに対して、自己充足的な存在である神は、自らの外にある「善」との関係性を構築していく必要性に促されて行為するのではなく、純粋に内発的で自発的な愛に基づいて被造物との関係構築を実現している。

もしも、人間が、神のように完全な存在になろうとして、不完全性を含意する情念である欲望をできるかぎり抱かないように努力するならば、その人は、より完全な存在になるどころか、より不完全な存在になってしまうであろう。自らの欠如を補ってくれる他者との関係構築に関する欲望を失ってしまえば、その人の人間関係は徐々に貧困化してしまうであろう。また、食欲や金銭欲のような基本的な欲望を抱かないようになってしまうならば、その人はより完全な存在になるどころか、基本的な生存すら危ぶまれるほどに不完全な存在に成り下がってしまうであろう。

人間は、自らが自己充足できない存在だと認め、健全な欲望を抱き、欠如を満たしていくことによって、はじめて、充実した生を送り続けていくことができる。不完全性を含意する欲望は、克服の対象となるどころか、大切に育んでいくべき心の動きの一つなのであり、「善」との関係構築を可能にさせる肯定的な情念だと言える。人間は、自らの不完全性を否認することによってではなく、それを受け入れることによってこそ、より完全な存在になっていくこともできるのだ。

四　感情という行為

人間よりも優れた存在である神に、人間の有している「受動的感情」が欠如している点は、どのように正当化できるだろうか。神には「受動的感情」が欠けていることによって、人間にはあるような豊かさが欠けていることになるのだろうか。または、反対に、「受動的感情」が欠けていることが神の卓越性なのであれば、「受動的感情」を有していることは人間にとって或る種の欠陥であって、人間はできるかぎり「受動的感情」を排した在り方を目指すべきだとの結論になるのだろうか。それとも、人間と神における「受動的感情」の問題を解決するための第三の道がありうるのだろうか。

第四章で論じたように、トマスによると、受動的に発生する「感情(passio)」もまた一つの「行為＝活動(actus)」である。様々なものからのはたらきかけを「受動」し、感情を抱くことによって、我々の心は、内発的な運動のみによっては得られないような仕方で、多様な外界の事物・人や出来事によって豊かに触発され、活力を与えられていくことができる。人間の心は、受動的感情における他者や他の諸事物との出会いによって活性化される。我々の生をその深淵において不安定化させる感情が、まさにそれゆえに我々の生に豊饒な可能性を与えていくというダイナミズムがある。

トマスによると、存在者は、「善さ」や「完全性」を欠いている程度に応じて、自らの存在の保持と発展のために種々の関係性を取り結ぶ必要があり、また、「善さ」や「完全性」を有している程度に応じて、自在に豊かな関係性を取り結ぶことができる。前者を「欠如に基づいた活動」、後者を「充実に基づいた活動」と名づけることができよう。[57]

> 自らの欠如を補うためにはたらきを為すことは人間に属することであって、神に属することではない。神にふさわしいのは、自らの完全性の満ち溢れを分かち合う(communicare)ためにはたらきを為すことである。(III, q.23, a.1, ad 2)

神にあてはまるのは「充実に基づいた活動」のみである。他方、人間には「欠如に基づいた活動」しか存在しないわけではない。「欠如に基づいた活動」と「充実に基づいた活動」の両者が絶妙に結びついて存在しているところに、人間存在の特徴が見出される。

感情論の文脈に応用すると、人間が「受動的感情(passio)」を抱くことは、「欠如に基づいた活動」にほかならない。[58] 人間は、外界との関係——他者や他の諸事物との関係——から切り離されて、自己自身のみで自足することができない。他者や他の諸事物との関係によって満たされなければならない欠如を原理的に有している。他者や他の事物との関係を必要とする弱さを、自らの存在そのもののうちに抱えこんでいる。そして、他者や他の事物からのはたらきかけを被ることによって、様々な「受動的感情」が生まれてくる。「受動的感情」は「欠如に基づいた活動」なのだが、だからといって「受動的感情」を抱くこと自体が好ましからぬことなのではない。

トマスは、ストア派的な不受動性(impassibilitas)の理想——混沌とした外界から心を動かされないのが賢者の目指すべき在り方だとの教説——を明確に退け、然るべき時に然るべき程度に然るべき仕方で感情を抱くことは善いことだとのペリパトス派的な立場に立つことを明確に宣言している(I-II, q.24, a.2)。生まれながらに欠如を抱えた人間が、そうした根源的な欠如を認めて受け入れずに、外界からの影響による他者や他の事物との関係構築を拒否して独立的な自足を目指すならば、それは欠如の克服につながるどころか、ますます欠如が深まるのみなのだ。

それに対して、人間は、「受動的感情」のなかで構築される外界との豊かな関係構築を通して形成されてくる自己の活力の高まりに基づいて、今度は、自ら能動的に他者や他の事物との関係構築に進んでいき、「意志の単純な運動」としての「愛」を抱けるようになる。とはいえ、このような能動的な「意志の単純な運動」としての「愛」に関しても、自らの意志とは無関係に存在している諸対象の魅力から触発を受ける受動的な要素は人間の場合には完全に抜きにはできない[59]。「受動的感情」と能動的な「意志の単純な運動」が切り離しがたく存在しているのが、感覚的世界に存立せしめられている人間の本質的な在り方なのである。

五　能動的な活動力そのものとしての神

前節で詳述した人間における情念の重層的構造――受動的な「感情」と能動的な「意志の単純な運動」との絡まり合い――と対比させるならば、神における「受動的感情(passio)」の欠如の積極的意義が明らかになる。すなわち、神における「受動的感情」の「欠如」――神の「不受動性＝無感情性(impassibilitas)」)――という伝統的教説は、この世界の苦しみや不完全性に無関心で超然とした神の在り方を意味しているのではないことをトマスのテクストは浮き彫りにしている。

事態はむしろ対極的だ。なぜなら、人間の場合には、「受動的感情」によって外界からの触発を受けることで、心が活性化させられ、外界との関係性を豊かに取り結んでいけるようになる。人間は、外界からのはたらきかけを受動することによってはじめて自らの可能性を十全に現実化していける。人間は、「受動」を通じて「能動」的になっていく必要がある。

それに対して「自存する存在そのもの(ipsum esse subsistens)」である神は、「純粋現実態(actus purus)」であり(Cf. I, q.3, a.2)、常に既に十全な仕方で活動しているから、受動的に変化させられることによって、更に現実的・活動的になることはありえないし、またその必要もない。神は、あまりにも活動的で、あまりにも能動的なので、どのような変化も、神をより能動的・活動的にさせることはできないのだ[60]。

神とは異なり、「受動性」と「能動性」、そして「可能性」と「現実性」の複合体である人間は、或る時には活動的になり、別の時には非活動的になる。また、或る時には受動を通じて不安定になったり、善からぬ方向へと動かされたりするが、他の時には受動を通じてこそ達成されるより完全な在り方に基づいて、他者への充実した愛を能動的に発動させたりもする。

だが、神は、常に変わらぬ在り方で、純粋な現実態そのものとして、世界の諸事物との関係性を積極的に取り結ぶことができる。[61] 神の「不受動性＝無感情性（impassibilitas）」「不変性（immutabilitas）」（I, q.9）という属性は、一見、否定的な属性であるようにも見受けられるが、実際には、神が「純粋現実態」であり「自存する存在そのもの」であるという究極的に積極的な事態によって基礎づけられた肯定的な属性なのだ。[62]

こうして、神の不受動性・不変性と神の愛や関係形成能力には対立があるどころか、むしろ、神は、不変な仕方で不受動的＝無感情的であることによってこそ、自らの豊かさに基づいて、安定的・持続的に他者や他の事物に能動的に関与することが可能になっている。神は、欠如のない徹底的な自足的存在であることによってこそ、徹底的に関係的な存在たりえているのだ。「自存する存在そのもの」や「純粋現実態」や「不受動性」「不変性」といった、一見自己完結的・静的な属性であるかのようにも見える伝統的な神の諸属性は、神を静的で非活動的なものとして表現するどころか、徹頭徹尾動的に世界と関与する神の在り方を人間的言語に可能なかぎりで鮮やかに表現している。

このように、我々は、不受動的＝無感情的な神の在り方について語ることを通じて、それと照らし合わせながら、自らの受動的＝感情的な在り方を、より広い視野のなかで位置づけなおすことができる。本質的に不完全で受動的で弱い存在である人間は、弱さ、受動性、不完全性を無理に否定するのではなく、容認し、受け入れることによってこそ、より完全で能動的で強固な在り方へと自らを柔軟に高めていくこともできるようになるのだ。

第六章　キリストの受難
――肯定の哲学の原点――

　神の受苦可能性・不可能性の問題は、多面的な広がりを有している。その全貌を明らかにするためには、前章で論じた神の受動可能性・受動不可能性の問題を背景に置きながら、キリストの「受動=感情(passio)」について考察していく必要がある。キリスト教の正統教義において、キリストは、「人間」であるとともに「神」である、つまり「人間本性=人性(natura humana)」と「神的本性=神性(natura divina)」の双方を有するとされてきた。神と人間の接点であるキリストの感情についての考察は、人間の感情について新たな角度から考察する手がかりを与えてくれる。

　トマスにおいてはpassioという語が、「受動」という意味と「感情」という意味が区別されつつも密接に絡まり合った仕方で用いられていることは既に繰り返し述べた。実はそれだけではなく、もう一つ「受難=苦難」という意味でこの語は用いられている。とりわけキリスト論のなかでは、この三つめの「受難」の意味が軸となって、受動的感情のテーマがそこに組み入れられている。

トマスは、多層的な意味を持つ passio というラテン語の意味の焦点について、次のような指摘を為している。

passio という語は身体的な病や魂における悲しみや怖れのように、破壊的で悪へと向かう passio に、より本来的な仕方で適合する。（I–II, q.31, a.1, ad 3）

受動的に生じてくる感情は、思い通りにはならない出来事、すなわち悲しみや怖れを伴う受難＝苦難においてこそ、その鮮烈な力をありありと発揮してくるというのがこのテクストの含意だ。だが、そうした破壊的・否定的な感情が発現せざるをえない場面でこそ、人間の感情の、そして人間の本性自体の、決定的な善性と肯定的性格が浮き彫りになる、とトマスは捉えている。

本章では、否定的な状況のなかでこそ露わとなる人間本性の肯定的性格という観点から、キリストにおける passio の問題についての考察を進める。そのさい、特に注目したいのは、「ゲッセマネの祈り」の場面である。ゲッセマネの祈りは、「キリストの受難（passio Christi）」（弟子の裏切り、逮捕、拷問、裁判、十字架の一連の出来事）の出発点となる場面だ。この場面を手がかりにしながら、受難という決定的な局面における「受動的感情」の構造を分析する。そのことによって、「キリストの受難」というキリスト教の中心的な教えと、人間の感情（passio）という我々にとって最も身近で日常的なものが、相照らし合う構造が見てとられうるからである。

イエスがユダに裏切られ逮捕される直前のこの場面は、広く知られているが、本章の議論の中心的なテクストになるので、その全体をまずは引用しておきたい。「マタイ福音書」の二六章三六―四六節で、次のように物語られている。

それから、イエスは弟子たちと一緒にゲッセマネという所に来て、「わたしが向こうへ行って祈っている間、ここに座っていなさい」と言われた。ペトロおよびゼベダイの子二人を伴われたが、そのとき、悲しみもだえ始められた。そして、彼らに言われた。「わたしは死ぬばかりに悲しい。ここを離れず、わたしと共に目を覚ましていなさい」。少し進んで行って、うつ伏せになり、祈って言われた。「父よ、できることなら、この杯をわたしから過ぎ去らせてください。しかし、わたしの願いどおりではなく、御心のままに」。それから、弟子たちのところへ戻って御覧になると、彼らは眠っていたので、ペトロに言われた。「あなたがたはこのように、わずか一時もわたしと共に目を覚ましていられなかったのか。誘惑に陥らぬよう、目を覚まして祈っていなさい。心は燃えても、肉体は弱い」。更に、二度目に向こうへ行って祈られた。「父よ、わたしが飲まないかぎりこの杯が過ぎ去らないのでしたら、あなたの御心が行われますように」。再び戻って御覧になると、弟子たちは眠っていた。ひどく眠かったのである。そこで、彼らを離れ、また向こうへ行って、三度目も同じ言葉で祈られた。それから、弟子たちのところに戻って来て言われた。「あなたがたはまだ眠っている。休んでいる。時が近づいた。人の子〔イエス〕は罪人たちの手に引き渡される。立て、行こう。見よ、わたしを裏切る者が来た。」(新共同訳。部分的に表記を変更。傍点は引用者による。)

ゲッセマネは、エルサレムの東、オリーブ山の麓の園である。イエスは弟子たちとしばしばこの地を訪れた。このテクストに語られているのは、十字架につけられる前夜に、イエスが最後の祈りを捧げ、そして捕らえられる場面だ。社会の周縁に疎外された遊女や徴税人といった人々と連帯し、これらの人々の苦しみや悲しみを深く受けとめながら活動したイエスは、その生涯の終わりにあたって、自らも、決定的な悲しみと苦しみを味わう。自らの活動が、既存の社会秩序を揺るがすものであり、ユダヤ教指導層との確執が日増しに強まっている事実を自覚していたとはいえ、いよいよ間近に迫った自らの受難を目前にして、悲しみ苦しむ心境を吐露している場面だ。この受難は弟子の一人であるユダの裏切りを契機にしており、また、他の弟子たちも全員イエスを見捨てて逃亡することとなる。そうした背景のもとに、孤独に悲しみ苦しむイエスの姿がありありと描かれている。

この引用は、「マタイ福音書」からである。この福音書は、「マルコ福音書」を資料の一つとして執筆された。マルコと比べると、マタイは、キリストの感情について語ることが少なく、「高貴でものに動じない」キリストの姿を終始一貫して描いている。[63]だが、ゲッセマネの祈りの場面ではそうではない。「イエスはひどく怖れてもだえ始めた」(一四章三三節)と記されているマルコと比較すれば緩和されているが、「死ぬばかりに悲しい」というかなり強い表現でキリストの感情が描かれている。

現代聖書学の知見によると、「当時のユダヤ教文学には殉教者の最後が数多く記されているが、イエスのように悩む例は全くなく、むしろ落ち着いて神を讃美しつつ殉教死を遂げていく」[64]。イエス・キリストの苦しみや悲しみは、キリストの生涯の意味を理解するために、単に周辺的な事柄にすぎないのではなく、彼の独自性を理解する鍵となる中核的な構成要素なのだ。

上掲のテクストにおける「杯」とは、旧約聖書・新約聖書でしばしば比喩的に用いられる言葉の一つであり、神の御手から与えられる善き報い、悪しき報い、裁き、救いを象徴している。一般的に「運命」を意味するとも言える。ゲッセマネの祈りの文脈では、十字架上の死に極まる受難を意味した[65]。

このテクストは、キリストも普通の人間と同じように、受難という自らの運命を前にして悶え苦しみ、深刻な葛藤を経験し、苦難からの解放を祈り求めつつも、父なる神の御心へとすべてを委ねていったと理解されがちだ。だが、トマスは、キリストには自己分裂的な葛藤は存在しなかったという独自の解釈を下しており、そこには、苦しみ悲しむ弱さを抱えつつも逆境に前向きに立ち向かえる人間本性の柔軟な可能性についてのきわめて肯定的な眼差しが看取できる。

一　「単なる人間」と「真なる人間」

トマスのキリスト論は、スコラ的方法に固有のさまざまな「区別(distinctio)」の積み重ねによって構成されている。そのなかでも最も基本的な区別の一つは、「単なる人間(purus homo)」と「真なる人間(verus homo)」との区別である。キリストは「真なる人間」であったが「単なる人間」ではなかった、との捉え方がトマスのキリスト論の基本的な枠組みを成している。

ここで注意しなければならないのは、「真なる人間」とは、「キリストこそ本当に人間らしい人間であった」とでもいうような価値的な概念ではない点だ。理想的な人間という意味ではない。そうではなく、キリストが、あたかも人間のような姿形をしていたが、本当は人間ではなかった、すなわち、いわば「にせものの人間」または「見かけ上の人間」にすぎなかったとの異端的な見解を否定して、「キリストが人間である」という命題の真実性を十全に認めるさいに使用されるのが「真なる人間」という用語である。

現代では、キリストが人間であったことは、キリスト教信仰の有無にかかわらず、キリストについて語るときに共有されている自明な前提となっていると言えよう。

それに対して、古代では、キリストが「真なる人間」であることを疑問視する見解が存在していた。具体的に言うと、「仮現論《かげんろん》」と呼ばれる異端的な理論においては、キリストが真の肉体を持たず、その人間性(humanitas)と受難(passio)は現実ではなく仮象にすぎないと説かれていた。ギリシア語のδοκεῖν(dokein)(〜のように見える)という語に基づいて、このような立場は、「仮現論《ドケティズム》(docetism)」と呼ばれ、キリストの人性(肉体・成長・飲食)や死(受難)は真実ではなく、単なる幻影や仮象にすぎないと主張された[66]。キリストは、人間のふりをした神であったとの見解だ。キリストが「真なる人間」であったとの見解は、仮現論を否定し、キリストが他の人間と本質的に変わりのない人間本性を有していたことを表す用語なのだ。

他方、「単なる人間」とは、人間である以外の何ものでもない人間、すなわち、普通の人間のことだ。キリストは、たしかに、「見せかけの人間」ではなく、「真なる人間」であった。だが、だからといって、「単なる人間」であったわけではなく、それ以上の存在であった。キリストは、「真なる人間」であったとともに、「真なる神」でもあった。人間本性と神的本性の双方を有する存在だったのだ。

「真なる人間」と「単なる人間」との区別は、トマスのキリスト論の全体に一貫した大きな枠組みを提供している。本章の主題であるキリストの感情論に関しても、「真なる人間」と「単なる人間」との区別は、その基本的な枠組みを成している。キリストの感情に関するトマスの捉え方の特徴は、「単なる人間」である我々と、「真なる人間」ではあっても「単なる人間」ではないキリストにおける感情の在り方の共通点と相違点の双方を看取しつつ、更に、その共通点と相違点を絶妙に結びつけているところに見出せる。

トマスによると、キリストは、神的本性を有することによって、普通の人間とかけ離れた超人間的存在になってしまったのではない。むしろ、人間本性の輝きが、罪や悪に妨げられずに、最も純粋に露わになったのがキリストの生涯だとトマスは捉えている。そして、キリストの人間本性の輝きが最も顕著にあらわれた局面が、受難に直面して彼が抱いた「悲しみ」や「怖れ」といった感情の動きなのだ。

二　人間の状況打開力

「わたしの願いどおりではなく、御心のままに」という上掲のキリストの祈りの言葉は、ラテン語の聖書から文字通りに訳すと、「私が意志するようにではなく、あなたが意志するように（non sicut ego volo, sed sicut tu）」となる。この祈りの言葉にも表れているとおり、ゲッセマネの出来事においてクローズアップされているように見受けられるのは、キリストの意志と父なる神の意志との葛藤だ。

ところが、トマスは、キリストには真の葛藤や意志の対立は存在しなかったとの特徴的な解釈を下している。トマスは、苦しみや悲しみを抱えながらもそのような感情に打ち負かされずに否定的な状況に立ち向かっていく人間の状況打開力を表現したものとして、この祈りの言葉を解釈している。

トマスがキリストの意志について詳細に論じているのは、『神学大全』第三部第一八問題「意志に関するキリストの一性について」においてである。「意志に関するキリストの一性」という問題設定のなかで解決すべき課題となっているのは、キリストのうちに複数の「意志」の存在を区別しつつ、同時に、それら複数の意志が絶妙に統合されていた事実を示すことだ。キリストのうちに一つの意志しか認めない単意論的な見解――キリストのうちにおける「神的な意志」と「人間的な意志」の双方の実在を否定する古代末期の異端的見解――とキリストのうちに自己分裂を見てとってしまう見解の両極から距離を置きつつ、キリストにおける意志の複数性と統合性の双方を肯定することが目指されている。

まずこの問題の第一項では、「キリストのうちには一つは神的で他の一つは人間的な二つの意志があるか」と問われ、「真の神」であり「真の人間」でもあるキリストには「神的な意志(voluntas divina)」と「人間的な意志(voluntas humana)」の二つが存在することが肯定される。

それを踏まえたうえで、第二項では、「キリストのうちには、理性の意志(rationis voluntas)の他に何らかの感覚的欲求の意志(aliqua voluntas sensualitatis)が存在したか」が問われている。すなわち、第一項でその存在が肯定されたキリストの「人間的な意志」を更に二つに分節できるかが問われ、そのような分節化が肯定されている。

第二項における区別において取り出された「理性の意志」が、第三項で更に二つに分節される。同項は「キリストのうちには理性に関するかぎりにおいて二つの意志が存在したか」と題されている。そのなかで、トマスは「本性としての意志(本性的意志)」と「理性としての意志」を次のように区別している。「理性の意志」の下位区分として「理性としての意志」があるという紛らわしい言葉遣いになっているので、注意する必要がある。[67]

健康のようにそれ自体として意志された或るものへと向かうかぎりにおいての意志のはたらき――それはダマスケヌス〔六七六頃―七四九〕によってテレーシス(thelesis)、つまり「単純な意志(simplex voluntas)」と呼ばれ、神学教授たちによって「本性としての意志(voluntas ut natura)」と呼ばれている――と、薬を飲むはたらきのように、他のものへの秩序づけにおいてのみ意志された何らかのことへと向けられる意志のはたらきは、それぞれ異なった特質を備えている。この後者の意志のはたらきをダマスケヌスはブーレーシス(bulesis)、つまり「思慮ある意志(consiliativa voluntas)」と呼び、神学教授たちからは「理性としての意志(voluntas ut ratio)」と呼ばれている。(III, q.18, a.3)

トマスは、「意志」の種類に関して詳細な区別を展開しているが、我々は、いわゆるスコラ的な区別の森のなかに立ち迷い、区別において語られている真に重要な事態が何であるかを見失って、事柄の真実を浮き彫りにさせるはずの区別によって、かえってこの世界の構造に対する認識を曇らされる危険に常に直面している。それでは、「本性としての意志」と「理性としての意志」との区別は、どのように理解すればよいのであろうか(図6)。

「本性としての意志」と「理性としての意志」との区別は、キリストにおいてのみ成立していたのではなく、人間一般についてあてはまる話だとトマスは捉えている。しかし、我々が、心のなか

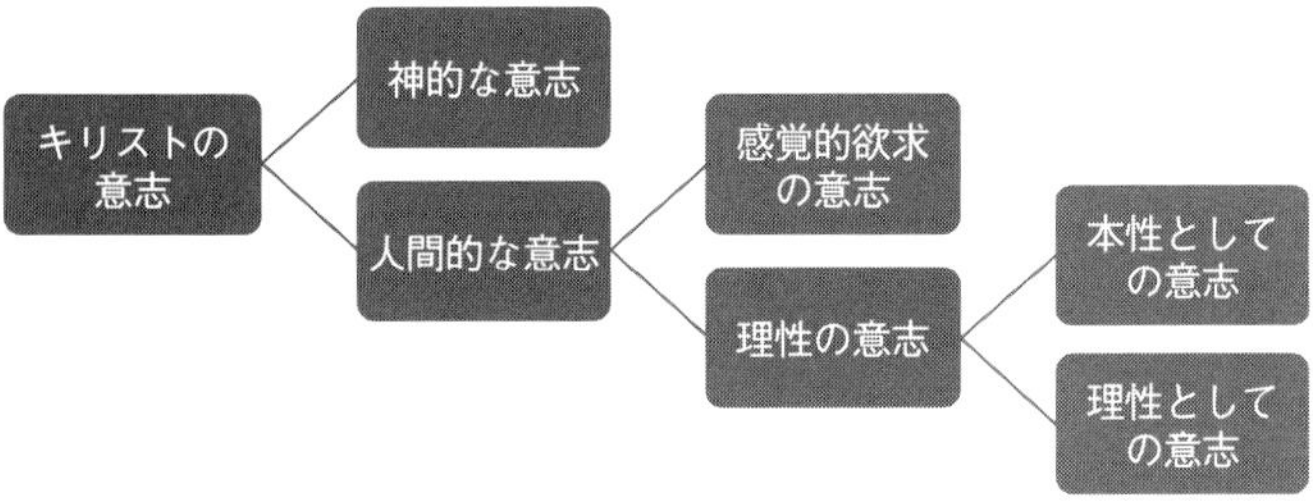

図６　キリストの意志の構造

に、「本性としての意志」と「理性としての意志」なるものをあらかじめ持っていて、状況に応じて、「今回は理性としての意志を発動させよう」などと決断しているといった仕方でトマスの区別を理解しようとすると、トマスのテクストに対する解釈の面でも、事柄それ自体に対する理解の面でも、大きな過ちを犯すこととなるであろう。

たとえば、幼児が注射をされるとき、その注射の目的や必要性を理解できない幼児にとって、痛みを伴う注射は、自己に痛みを与える悪として現れていると言わざるをえないだろう。だが、注射の意義と目的を理解できる大人は、針を刺されることを、「健康のための注射」というより大きな目的手段連関のなかに明示的に位置づけなおすことによって、全体的に善い出来事と受けとめなおせる。これが「理性としての意志」のはたらきだ。注射を受ける必要がないのが最善なのは言うまでもないが、注射を受ける必要があるのに注射を受けられないのは最悪の事態だと言わざるをえないのであって、注射を受ける必要があるときに注射を受けられるのは、善いこととして、本人に受けとめられうるのである。

人間にとって、自分の欲求や望みを直接無媒介的な仕方で実現できる場面は、必ずしも多くはない。「椅子から立つ」とか、「水を飲む」などのように、欲求を持つこととその実現のあいだにほとんど距離がないような意志だけではなく、間接的媒介的な仕方で時間をかけてのみ実現できるような多くの意志を人間は持っている。「注射や手術を受けたり薬を飲むことによって健康になろう」といった意志の在り方だ。こうした意味で、トマスは、意志を抱くことがそのままその実現に直結するような意志の在り方を「本性としての意志」と呼び、それに対して、間接的媒介的な仕方で分節的に実現される意志の在り方を「理性としての意志」と呼んでいるのだ。「理性の意志」という用語を狭い意味で用いて、この「理性としての意志」と同義で用いることもある。

そして、トマスは、「本性としての意志」と「理性としての意志」は別々の能力であるのではなく、同じ能力のはたらき方の違いだと繰り返し述べている。すなわち、「このような〔意志の〕はたらきの多様性は能力を多様化することはない。なぜならば、〔「本性としての意志」と「理性としての意志」の〕双方のはたらきが対象の一つの共通の特質——すなわち善——へと向けられているからである」(III, q.18, a.3)。

人間が理性的存在者であることは、分節化された欲求構造を有しうることを意味している。何らかの困難に対する直面が、理性的に分節化された欲求構造の構築へと人間を促す。困難によって触発された「理性としての意志」の発動が、否定的な事態をもより大きなパースペクティブのなかで肯定的に包みこむような仕方で、人間を、状況全体の柔軟な打開へと導いていく。

本書においては、トマスの哲学を「肯定の哲学」として捉えてきたが、それは単なる現状肯定の哲学ではない。自己を脅かすような否定的な性格を往々にして顕在化させている一つ一つの状況が潜在させている積極的な可能性を肯定することによって、現状の前向きな打開を可能にさせる哲学なのだ。それは単なる理想論ではない。既に顕在化しているもののみが現実なのではなく、実現しうる可能性をも捉えてはじめて現実の全体を捉えたと言いうる。状況を「完結した現実」と捉えるのではなく、将来の積極的な展開可能性をも含めてより根源的な仕方で捉えなおし、そのような認識を状況打開力へとつなげていくトマスの発想は、より深い意味で現実的な肯定の哲学と言える。

三　キリストの意志の「葛藤」

状況打開力を有する人間の意志の構造は、ゲッセマネにおけるキリストの意志に着目することによって、より具体的に取り出すことができる。トマスは、ゲッセマネの出来事を引き合いに出しながら、キリストの意志の構造に関して、次のような分析を為している。

キリストが感覚的欲求の意志に基づいて、そして本性という在り方によって考察された理性の意志に基づいて、神とは異なったことを意志することが可能であったことは明白である。しかし、キリストは、理性という在り方による意志に基づいて、常に神と同じことを意志した。これは、「私が意志するようにではなく、あなたが意志するように」と〔「マタイ福音書」第二六章第三九節において」言われていること自体から明らかである。なぜなら、キリストは、彼の他の意志に基づいては自分は他のことを意志していると語っていたが、理性の意志に基づいては神の意志が実現されることを意志していたからである。（III, q.18, a.5）

このテクストを読むと、キリストの人間的意志には、「神の意志」に従う善き在り方をしている「理性の意志」以外に、「神の意志」に従おうとしない悪しき在り方をしている「感覚的欲求の意志」や「本性という在り方によって考察された理性の意志」があったとの印象を受けるかもしれない。だが、それは誤解だ。

暫時続いた意志の葛藤を克服し、キリストが、自らの思いではなく神の意志の実現へと心を固めていく過程としてゲッセマネの祈りを解釈し、その過程を、苦難に直面する人間にとっての模範と位置づける理解は、ゲッセマネの祈りに関する一つの典型的な理解の仕方と言える。そして、そのような理解は、聖書解釈の分野で幅広く通用しているのみではなく、トマス解釈にも大きな影響を与えている。

たとえば、現在のところ、日本語で読める最も優れたトマスのキリスト論についての研究は、山田晶が『神学大全』第三部の日本語訳に付している懇切丁寧な訳注であるが[68]、山田は、「キリストのうちに悲しみがあったか」（III, q.15, a.6）という箇所の訳注において、ゲッセマネのキリストに葛藤を見てとる次のような解釈を下している。

キリストのうちに、或る段階において、この二つの意志〔自己の本性的意志と神の意志〕の葛藤があったと考えられるが、究極的に、自己の本性的意志を、神の意志に合わせて、受難と死とを、自らの意志を以て受けた。……この葛藤あるがゆえに、キリストの受難と死とは、最大の価値を有するのであり、人間としてのすべての望みを神の意志に従わせ、そのための苦しみと悲しみとを、神にささげつくすことによって、贖罪の事業は完成された[69]。

山田は、ゲッセマネにおけるキリストの意志のうちに「葛藤」を見てとり、深刻な「葛藤」があったからこそ、キリストの受難には意義があったのだと述べている。だが、トマスは、キリスト論のどこにおいても、キリストの意志のうちに「葛藤」があったとは述べていない。「葛藤」という言葉を用いていないのみではなく、トマスは、キリストの意志のうちに対立を見てとる解釈を明示的に否定している。

本節冒頭で引用したトマスのテクストをよく読めば分かるように、トマスは、キリストにおける「理性としての意志」は神の意志に従う善き在り方をしていたが、「感覚的欲求の意志」や「本性としての意志」は自己自身の意志に従う悪しき在り方をしていたとは語っていない。

ゲッセマネのキリストにおいて、神から与えられた使命を達成しようとする「善き意志」と、使命から逃避しようとする「悪しき意志」との葛藤があったが、最終的にキリストは「善き意志」によって「悪しき意志」を克服し、神から与えられた使命を無事に達成した、とはトマスが理解していない点に話の勘所がある。キリストにおいては、克服の対象となるような意志の「葛藤」は存在しなかったと解する点に、トマスの理解の最大の特徴がある。

そもそも、あらゆる欲求や意志は「善」に向かう、より厳密に言えば「善と把捉されるもの」すなわち当の欲求や意志に対して善いものとして現れているものに向かうというのがトマスの根本的な洞察だ。一見「悪」が欲求されているように見えても、そのような「悪」は「善の観点のもとに(sub ratione boni)」欲求されているとトマスは捉えている(I-II, q.27, a.1, ad 1)。盗みを為す人間が欲求しているのが「悪」を為すことではなく、価値ある物品という「善」の獲得であるように。そうである以上、「感覚的欲求の意志」と「本性としての意志」と「理性としての意志」のはたらきの齟齬《そご》は、「善」へと向かうか「悪」へと向かうかに関する齟齬ではありえず、むしろ、それぞれの「意志」に対して何が「善」として現象しているかの区別だと考えざるをえない。

トマスが叙述しているゲッセマネのキリストの在り方は、意志の「葛藤」の克服の過程という山田の解釈とは決定的に異なっている。トマスは、三つに分節化されて語られるキリストの人間的意志のそれぞれが、それぞれにふさわしい対象(「善」)を意志しつつ統合されていたから「葛藤」は存在しなかったと言明しているのだ。

最も「神の意志」に反する在り方をしているようにも思える「感覚的欲求の意志」に関して言うと、トマスの述べていることは次のように解釈できる。すなわち、「感覚的欲求の意志」にとってのふさわしい在り方は、感覚的欲求を充足する対象を求め、感覚的欲求の充足を阻害する対象を避けることである。たとえば、食欲を満たす栄養分豊かな食べ物を欲求することは、「感覚的欲求の意志」にとってふさわしい在り方であり、他方、自己保存を長期的に傷つけてしまう麻薬を求めることは、「感覚的欲求の意志」にとってのふさわしい在り方ではない。そうすると、「感覚的苦痛を避ける」在り方をしていたキリストの「感覚的欲求の意志」は、自己の存在を感覚的に毀損する悪を避けるとの意味で正常に機能していた、すなわち、ふさわしく善い在り方をしていたと言える。「感覚的苦痛を避ける」という「感覚的欲求の意志」の在り方は、葛藤を経て克服されたのではなく、十字架の死に至るまで、キリストのうちに持続し続けていた。しかも、望ましくない在り方が部分的に残存していたのではなく、感覚的存在である人間としての健全で望ましい在り方として持続し続けていたのだ。

それでは、キリストの意志に「葛藤」を見てとる現代的通説をトマスは採用していないのだとすれば、ゲッセマネにおけるキリストの意志の在り方は、どのような仕方でより積極的に捉えなおせるのであろうか。

四　キリストの意志の調和

トマスは、『神学大全』第三部第一八問題第六項において、「キリストのうちに諸々の意志の対立が存在していたか」という問いを立て、次のように述べている。

キリストにおける本性的意志および感覚的欲求の意志が、彼の神的な意志および理性の意志とは別の或ることを意志したとしても、だからといって意志の何らかの対立がそこにあったのではない。なぜなら、第一に、キリストの本性的意志も感覚的欲求の意志も、それに基づいてキリストのうちなる神的な意志と人間的な理性の意志とが受難を意志していたところの根拠（ratio）を拒否したのではないからである。なぜなら、キリストのうちなる端的な意志（voluntas absoluta）もまた人類の救いを意志していたからである。しかし、このことを他のことへの秩序づけにおいて意志することはこの〔端的な〕意志に属することではなかった。他方、感覚的欲求の運動はこのような事柄にまで到達できなかった。（III, q.18, a.6）

ここで「端的な意志（voluntas absoluta）」という言葉で示されているものは、これまで「本性としての意志（voluntas ut natura）」という言葉で語られてきたのと同一のものである。このテクストに関してまず注目すべき点は、「キリストのうちなる端的な意志もまた人類の救いを意志していた」とのトマスの言明だ。ここから分かるのは、「本性としての意志」は、単なる動物的な欲求や本能のような意味で「自然的＝本性的」なものであったり、無自覚的な意志であったりするわけではないことである。

「本性としての意志」と「理性としての意志」との対比は、「動物的な意志」と「人間的な意志」との対比でもなければ、「無自覚的な意志」と「自覚的な意志」との対比でもない。なぜなら、キリストが、動物的・無自覚的な意志によって人類の救いを意志していたと解するのは、非常に奇妙なことだと言わざるをえないからだ。理性的・自覚的な意志であってはじめて、「人類の救いを意志する」ことは可能となるはずである。それでは、同じく霊魂の理性的部分のなかにある「本性としての意志」と「理性としての意志」は、どのように区別されるのだろうか。

上述のように、「理性としての意志」に特徴的なのは、事態を目的手段連関のなかで捉えなおし、実現しようとすることだ。そして、なぜそうした目的手段連関の構築が要請されるかと言えば、それは、単に意志するだけでは実現されない多くのこと(困難なものごと)が、この世界には存在しているからである。何らかの困難への直面が、「理性としての意志」という仕方での意志のはたらきを呼び起こしてくるのだ。

そもそも、欲求や意志は、常に現実的な仕方ではたらいているのではない。トマスの見解をより分かりやすくするために、身近な例を挙げてみよう。たとえば、或る人が、恋人に会いに行くために、神田神保町を歩いているとしよう。その人の欲求は、ひたすら、恋人へと向けられている。そのとき、ふと、古書店の軒先に、以前から探していたトマス研究書がその人の目に飛びこんでくる。そうすると、「その本を買いたい」という欲求がその人のうちに湧き上がってくる。そのような欲求は、その人がもともと有していたものではあるが、その時点までは現実化していなかった、習慣的な仕方で所有されていた欲求だと言えよう。

そのさい、「その本を買いたい」というその人の欲求は、単なる感覚的欲求ではなく、理性的な欲求ではあるが、特別な目的手段連関を構築しなければ達成できないような大げさな欲求ではない。その人は、その本を手に入れることを、単純に意志する。その古書との出会いによって活性化されたその人の欲求は、トマスの言葉を使えば、「本性としての意志」なのである。

だが、その人がその本を手に取り、それが予想以上に高額で、手持ちの金銭では購入できないことに気づく。そうした困難に直面すると、その人は、その本を手に入れるために、何らかの目的手段連関を構築せざるをえなくなる。たとえば、「恋人から金銭を借りることによって本を買う」といったように。こうした仕方で分節的に媒介された欲求が、「理性としての意志」なのだ。

そして、久しぶりに会った恋人に対して、いきなり「本を買うためにお金を貸してくれ」と言い出すその人に対して、恋人は、「この人は私よりも本の方に関心があるのか」と思い、不快感を抱くかもしれない。或る状況に直面して、どのような欲求が活性化されてくるのかは、単に偶然的なのではなく、その欲求が活性化された当人の人柄を反映したものであることが、この例から読みとれるだろう。また、我々は、一度には一つの欲求しか抱いていないわけではなく、状況に応じて現実化されてくる多様な欲求を習慣的な仕方で同時に所有しているという事実も、この例から読みとるべきもう一つの重要な点だ。つまり、「本性としての意志」と「理性としての意志」といった多様性があるのみではなく、「本性としての意志」自体が、そして「理性としての意志」自体が、多様なのである。

それゆえ、キリストにとっての「本性としての意志」に含まれるのは、単に、自らの存在の保持と発展によって可能となる幸福を意志するという、諸動物とも共通する側面がある欲求のみではない。「人類の救い」も、それが困難かどうかという側面はとりあえず考慮の外に置く仕方で、習慣的・持続的に欲求されていた。だが、救いが単純な仕方で実現されるのではなく、「受難」という困難を通じて達成されなければならない状況にいよいよ直面したときに活性化されてきたのが、キリストの「理性としての意志」なのだ。

「理性としての意志」が活性化されてきたときに、同時に、キリストの「本性としての意志」が自らの存在の保持と発展という直接的な欲求充足を不可能にするような死を避けようとしたことは、なんら悪いことではない。むしろ、自らの存在の保持と発展を願う「本性としての意志」がふさわしく機能していたことをそれは意味している。キリストにおいては、「感覚的欲求の意志」と「本性としての意志」と「理性としての意志」が、それぞれにふさわしい在り方をし、かつ、それぞれが互いの領分を侵さずに共存していた、とトマスは捉えているのだ。ゲッセマネにおける祈りの積み重ねのなかで葛藤が次第に克服されていくといった時間的経過を強調した解釈をトマスは下してはいない。そうではなく、感覚的欲求が自然な運動を行ないながらもそれが理性のたがを外れない在り方をキリストは終始一貫して持続させていたのだとの解釈を下している。そうすることによってトマスは、ゲッセマネの物語をキリストの魂の諸能力の究極的な調和の表現として読みなおしている。それは単調でのっぺらぼうな調和ではなく、多様な意志がそれぞれに豊かな動きを示す動的な調和なのである。

五　悲しむキリスト

これまでの探究を踏まえたうえで、本節では、キリストにおける感情、とりわけ「悲しみ」という感情の構造を明らかにしていきたい。

聖書のなかでキリストの悲しみが語られる代表的な場面は、まず、既に見たゲッセマネにおける祈りの場面である。また、ラザロの死の物語において（「ヨハネ福音書」一一章三三—三五節）、そして、ユダの裏切りをキリストがあらかじめ告知する場面において（「ヨハネ福音書」一三章二一節）、キリストの悲しみが語られているとトマスは解釈している。具体的には、それぞれ、以下のようなテクストである。

イエスは、彼女〔マリア〕が泣き、一緒に来たユダヤ人たちも泣いているのを見て、心に憤りを覚え、興奮して、言われた。「どこに葬ったのか」。彼らは、「主よ、来て、御覧ください」と言った。イエスは涙を流された。（「ヨハネ福音書」一一章三三節—三五節）

イエスはこう話し終えると、心を騒がせ、断言された。「はっきり言っておく。あなたがたのうちの一人がわたしを裏切ろうとしている」。（『ヨハネ福音書』一三章二一節）

前者のテクストは、親しく交流していたマリアとその姉妹マルタの兄弟ラザロの死に直面したイエスが、悲しみを抱き、涙を流す場面である。ユダの裏切りに関する後者のテクストでは「悲しみ」が明示的に言及されてはいないが、トマスは、『ヨハネ福音書注解』（第一三章第四講一七九六）において、このテクストで述べられているキリストが心を騒がせたことの内実は、悲しみが生まれてきたことだと解釈している[70]。

それでは、そもそも「悲しみ」とはどのような感情であろうか。繰り返し述べてきたように、トマスの感情論は、一見とりとめのない流れのようにも見える感情に対して、いくつかの補助線を引くことによって、個別的な諸感情を明確に区別するとともに、緊密に関連させて理解することを試みている。その補助線の中軸は、第一章でも触れたように、「対象の善悪」という軸と、時間軸である。

こうした座標軸のなかに位置づけつつ、トマスは、悲しみを「現在の悪＝現前している悪」に関わるという特徴において捉えている。悲しみは、「現在の善」に関わる喜びと対立するとともに、「未来の悪」に関わる怖れとも区別される。トマスは、『神学大全』第三部第一五問題第六項「キリストのうちには悲しみがあったか」において、キリストにおける悲しみの実在を次のように根拠づけている。

悲しみの対象と動機は、理性または想像力によって内的に把捉された有害なものまたは悪である。たとえば、誰かが恩寵や金銭の喪失について悲しむときのようなものである。ところで、キリストの魂は何かを有害なものとして把捉することができたのであり、それは、自らの受難や死のように自己自身に関するものでもあれば、弟子たちの罪や自分を殺害するユダヤ人たちの罪のように他者に関するものでもあった。(III, q.15, a.6)

こうした記述を見れば、キリストに悲しみが存在していたと考えることには何の問題もないとも思われるが、トマスは同じ箇所で、次のような異論を紹介している。

アウグスティヌスが『神の国』第一四巻〔第六章、第一五章〕で述べているように、「悲しみは、我々が欲していないのに我々に起こる事柄についてのものである」。ところが、キリストには、自らの意志に反して被ることは何もなかった。なぜならば、『イザヤ書』第五三章〔第七節〕のなかで言われているように、「彼〔キリスト〕が〔十字架上に〕献げられたのは、自らそれを意志してのことであった」からである。[71] それゆえ、キリストのうちには悲しみは存在しなかった。(III, q.15, a.6, arg.4)

キリストは、自らの意志によって進んで受難に赴いたのであるから、「意志に反して被る」のをその本質とする悲しみはキリストのうちには存在しなかったとの趣旨のこの異論に対して、トマスは、次のように答えている。

或るものが、それ自体では意志に反するものであるが、それに向かって秩序づけられている目的を根拠として意志されることがあっても、何ら差し支えはない。たとえば、苦い薬は、それ自体としては意志されるものではないが、健康に秩序づけられるかぎりにおいてのみ意志される。そしてこうした仕方でキリストの死と受難とは、人類の贖い(redemptio)という目的への秩序づけにおいては意志的なものであったが、それ自体として考察されるならば、不本意なものであり、悲しみを引き起こすものであった。(III, q.15, a.6, ad 4)

前節までの論述で既に見たように、直接的な欲求充足への運動をその本質とするキリストの「本性としての意志」に対して、「死と受難」が、悲しみという否定的な感情を引き起こす不本意なものとして現れてくることは、自然なことであり、何ら倫理的に問題があるような事柄でもない。むしろ、「死と受難」を直接的に喜ぶような心の在り方をキリストが有していたとするならば、それは、彼におけるマゾヒスティックな心の歪みの表現だと言わざるをえないだろう。死と受難が不本意なもの、悲しみを呼び起こすものとして現象してくるのは、彼の「本性としての意志」が正常に機能していた、すなわち健康な善い在り方をしていたことの徴《しるし》なのだ。

　ところが、同じ項で、トマスは、キリストにおける悲しみの在り方について、或る留保をつける、次のような注目すべき言明を為している。すなわち、

　悲しみは、完全な感情(passio perfecta)としてはキリストのうちには存在しなかった。だが、初期状態において(initiate)、すなわち、感情の発端としては(secundum propassionem)、キリストのうちに存在した。それゆえ、「マタイ福音書」第二六章〔第三七節〕のなかで、「彼〔キリスト〕は悲しみ憂い始めた(coepit contristari et moestus esse)」と言われている。ヒエロニムス〔三四七頃—四二〇〕がこのテクストについて述べているように〔『マタイ福音書注解』第四巻〕、「悲しむ」ことと「悲しみ始める」こととは別なのである。(III, q.15, a.6, ad 1)

　ここで使われている「感情の発端」と訳される propassio は、『神学大全』のなかで、第一部の神論においても第二部の人間論においても、一度も使用されておらず、第三部のキリスト論においてはじめて、ヒエロニムスの言葉の引用という形を取りながら何回か用いられている。

　上掲のテクストは、どのように理解すべきであろうか。一見、キリストにおける感情の存在を認めるかのようにも見えたトマスは、こうした微妙な留保をつけることによって、結局は、キリスト

のうちには厳密に言えば「感情（passio）」は存在しなかったと言っているのであろうか。

キリストにはpropassioはあったが完全なpassioは存在しなかったとのトマスの言明は、或る種の妥協と解される危険性があるだろう。すなわち、キリストが人間本性を有していたことを認めるかぎりにおいて、人間本性の本質的な構成要素であるpassioの存在を全否定するわけにはいかないが、逆に、罪へと導いてしまいかねないような強烈な感情の運動の存在を全面的に肯定するわけにもいかない。そのため、propassioは認めるがpassioそれ自体は認めないという弥縫《びほう》的な妥協策の採用によって、或る種の辻褄《つじつま》合わせをトマスは試みているのだと解釈される可能性がある。だが、そのような理解の仕方は誤りだ。そのことを明らかにするための鍵は、「完全な感情（passio perfecta）」と「感情の発端（propassio）」という言葉を正確に理解することのうちにある。

トマスは、『神学大全』第三部の別の箇所でも、これら二つの言葉を使用しつつ、更に詳しく、「感情の発端」の内実を説明している。

ヒエロニムスは、『マタイ福音書注解』〔第四巻〕のなかで次のように言っている。「我らの主は、受容された人間の真実性を証するために、たしかに本当に悲しんだのであるが、感情が彼の魂において支配することがないように、彼が「悲しみ始めた」というのは、感情の発端に基づいて（per propassionem）言われているのである」と。こうして、感情（passio）が魂を――つまり理性を――支配するとき、「完全な感情（passio perfecta）」だと解され、それに対して、感覚的欲求のうちに萌芽的なものとして(inchoata)あるがそれ以上には拡がっていないときに「感情の発端(propassio)」と解されるのである。(III, q.15, a.4)

図7　passio と propassio

このテクストに関して注目すべきことは、「感情(passio)」の下位区分として、「完全な感情(passio perfecta)」と「感情の発端(propassio)」が区別されている事実だ。すなわち、「感情の発端」という語は、感情と似てはいるが感情には至らない状態という意味で使われているのではなく、感情の一種として取り扱われている[72](図7)。

トマスによると、三つの点でキリストの感情と我々の感情の在り方には相違がある。第一に、キリストの感情は、道徳的に許されざるものを対象とすることはない。第二に、感情が理性に時間的に先行することはなく、常に理性によって統御されている。第三に、感覚的欲求の変動である感情の運動が、理性のはたらきに対して悪影響を及ぼすことがない(III, q.15, a.4)。

上掲のテクストは、このうちの最後の「感情の結果についての相違」の説明として語られているものだ。すなわち、感覚的欲求の運動である感情が結果的に理性の判断に及ぼす影響関係について論じられている文脈で為されている説明だ。そして、既に発生している感情が「理性」を支配してしまうとき、それは「完全な感情（passio perfecta）」と言われ、感情があくまでも感情として感覚的欲求のうちに留まるかぎり、「感情の発端（propassio）」と言われる、と説明されている。

トマスは、『神学大全』第三部第二一問題第二項において、「自らの感覚的欲求に基づいて祈ることはキリストにとってふさわしかったか」という問いを立て、ゲッセマネの祈りの妥当性を説明している。

或る者が感覚的欲求に基づいて祈ると言われることができるのは、自らの感覚的欲求のうちにあることを、祈ることによって理性が神に提示するからである。この意味において、キリストは、感覚的欲求に基づいて祈ったのだが、それは彼の祈りが、いわば感覚的欲求の擁護者として、感覚的欲求の情動（affectus）を表明するものであったかぎりにおいてである。（III, q.21, a.2）

このテクストに関して着目すべきことは、感覚的欲求の実現――感覚的苦痛の回避――を願うキリストの祈りが、神の意志に反する否定的なものではなく、「感覚的欲求の擁護者」という観点から、肯定的なものと捉えられている事実だ。「父よ、できることなら、この杯をわたしから過ぎ去らせてください」というゲッセマネの祈りが、感覚的苦痛の回避を求めるキリストの感覚的欲求の実現を求めるものとして、「感覚的欲求の擁護者」と言われている。感覚的欲求の実現を願うキリストの祈りは、神の意志との深い一致を祈念しつつも、同時に、神の意志とは異なる心の動きも自然で善いものとして残存させている人間の在り方の全体を肯定的に把捉するためのモデルとして、トマスによって語り出されている。

我々の場合には、自然本性の秩序に基づいて、魂の諸能力は互いに妨げ合う。すなわち、一つの能力のはたらきが強くなると、他の能力のはたらきは弱められる。ここからして、怒りの動きは、理性に基づいて節度づけられていても、何らかの仕方で観想する魂の眼を妨げる。ところが、キリストの場合は、神の力の節度づけによって、「それぞれの能力に、自らに固有なことを為すことが許されていた」〔ダマスケヌス『正統信仰論』第三巻一九章〕。そのため、一つの能力が他の能力によって妨げられることがなかった。それゆえ、〔キリストの〕観想する精神の喜びが、下位の部分の悲しみや苦痛を妨げなかったように、逆に、魂の下位の部分に属する諸感情は、どのような仕方でも理性のはたらきを妨げなかった。(III, q.15, a.9, ad 3)

受難に直面したキリストにおける悲しみや怖れという感情の運動は、暫時キリストの精神を支配するが、次第に克服されて、神の意志への服属という心穏やかな悟りの状態へと至った、とトマスは理解していない。悲しみや怖れは、キリストの受難の出来事の初めから終わりまで、キリストの精神のなかに存在した。だが、それは、キリストの精神を支配するような在り方で存在したのではない。「理性としての意志」がふさわしく発動することを妨げない仕方で、人間の自然な在り方の発露である感覚的欲求の運動としての感情が、受難全体において、存在し続けていたのだ。

六　肯定の哲学の原点としてのキリスト論

トマスがキリストの感情を取り扱っている『神学大全』第三部の第一五問題は、「キリストが人間本性において受けとった魂に関する諸々の欠陥について」と題されている。前章で既に述べたが、「感情」と訳されるpassioが同時に「受動」を意味することからも分かるように、感情を抱くことは、自分の思いどおりにはならないような仕方で他のものから心を動かされることを意味する。[73]そうした意味で、完全な存在である全能の神には受動的な感情は存在しないとトマスは述べている。感情を抱くことは、外界の影響に無防備にさらされてしまう傷つきやすさを含意しているからだ。

外界の出来事によって心を受動的に動かされてしまうことは、徹頭徹尾能動的な「父なる神」には存在しない「弱さ」であり、その意味で、「欠陥」と言われうる。それは、キリストが「真なる人間（verus homo）」であるかぎりで、すなわち我々普通の人間と同じ人間本性を共有するかぎりにおいて、それなしでは存在しえないような「欠陥」なのだ。

だが、そうした受動可能性という「欠陥」があるがゆえにこそ、キリストは、受動的な感情の運動を通じて、人間の模範ともなる逆境対応力を柔軟に開示できる。その意味では、この「欠陥」は、それが存在しないよりも存在する方がより優れていることになる奇妙な「欠陥」なのだ。

キリストにおいて、理性的存在である人間の存在の目的を適切に実現することを妨げる負の可能性が食いとめられるような仕方で感情の運動が存在していた——「完全な感情（passio perfecta）」には至らない「感情の発端（propassio）」があった——ことによってこそ、「感情（passio）」の存在意義、感覚的世界との豊かな出会いを実現するという意義が、十全に実現されていた、とトマスは理解している。propassio とは、不完全な感情であるどころか、人間が感情を有していることの意義がそこにおいて本来的に輝き出す、真の passio として語られている。

「私の意志ではなく、あなたの意志を」というゲッセマネの祈りに関して、我々は、「キリストの魂」という私秘的な場所で諸能力間の「葛藤」がひそかに行われていた、と解釈しがちだ。欲求や意志や感情を私秘的なものとして理解しようとするのは、我々の日常的な心理学に常につきまとう傾向だが、そうした方式では見えてこない次元が、スコラ的な霊魂論には存在している。「本性としての意志」と「理性としての意志」という霊魂の理性的部分のうちにおける「理性の意志」の二つの分節化は、単なる「内面的な」心理学的概念として捉えると、不毛な概念的区別としか思えないであろう。だがそれは、ゲッセマネのキリストにとって、この世界全体が、そして、差し迫った自らの受難という出来事が、どのように現象していたかを語り出すための区別なのだ。

否定的な仕方で自らに現象してくる事態を、人間は、感覚的欲求に現象してくるのとは別の仕方で、また、自然的欲求に現象してくる在り方を超えて、受けとりなおせる。否定的に現象してくる事態に正面から直面することによって、その否定性が、単なる否定性としてではなく、何らかのより肯定的な事態を実現するための不可欠な契機として現象しなおしてくるように、事態を受けとめなおせる。そのとき、その不可欠な契機は、単なる否定的契機ではなく、同時に、目的の善さが、その否定的契機自体のなかに分け持たれていることが見てとれるようになる。苦難を単に甘受するのではなく、苦難を含んだ出来事の全体を新たな欲求対象にしていくことができる。諸動物には存在するとは考えにくい、人間固有のこうした柔軟な状況対応力こそ、「理性としての意志」という概念で語られている内実なのだ。

人間は、理性的な分節化の能力を有していることによって、この世界のなかに新たな欲求可能性を読みこむ力を持ちえている。「本性としての意志」によっては欲求対象となりえないことが、「理性としての意志」によっては、欲求対象に含まれうる。「理性としての意志」にとってのふさわしい在り方は、「幸福」を必然的に目指す「本性としての意志」の直接性を超えて、より分節された目的手段連関のなかで事態を捉えなおすことによって、より具体的かつ重層的な仕方で状況を把握しつつ、善を達成していくことなのだ。

第二節で引用したトマスのテクストに依拠しながら具体的に言うと、それ自体としては欲求されるはずのない苦い物質が、健康になるためという目的手段連関のなかに置きなおされることによって、欲求されうるものとして(薬として)、新たな仕方で分節化されて立ち現れてくる。そのとき、その薬は、健康という目的を達成するための必要悪というよりは、むしろ、健康という善を達成するためのかけがえのない手段として、目的の善さを反映させながら、それ自体、善きものとして現象してくる。長らく薬の開発を待ちわびていた難病患者に対してその薬がどのように現れるかを考えてみれば、そのことは明白であろう。そして、そうした新たな立ち現れは、人間の側の主体的な目的手段連関の構築に基づいたものでありつつも、だからといって恣意的なものではない。主体的な目的手段連関の構築によってこそ、この世界自体がもともと有していた豊かな欲求可能性が、欲求者の在り方に応じて新たな仕方で分節されてくる構造になっている。

こうした意味で、理性は、単に感覚的欲求をコントロールする力でもなければ、普遍的・抽象的な概念を認識する力でもなく、この世界の欲求可能性が新たな仕方で分節的に立ち現れることを可能にさせる能力だと言えよう。達成されるべき善が状況に応じて自在に分節化されて現れることを可能にさせている「理性的な意志」の柔軟な状況対応能力こそが、理性的存在である人間の有している真の卓越性なのであり、キリストはそうした卓越性を最高度に実現させていた、とトマスは捉えている。

ゲッセマネにおけるキリストの複合的な意志の運動を、神に従おうとする善い意志と困難から逃避しようとする悪しき意志との葛藤として捉えるのではなく、様々な意志――感覚的欲求の意志、本性としての意志、理性としての意志――のそれぞれが、それぞれの領分を守りながら、各々にふさわしい仕方で善を欲求していたとのきわめて特徴的な解釈を下すことによって、トマスは、心身複合体である人間存在の全体を肯定的に受けとめなおすことのできる視座を切り拓いている。

「単なる人間(purus homo)」である我々にとっては、受動的な感情を通じたこの世界との関わりは、「無感情性＝不受動性(impassibilitas)」という在り方では得ることのできない豊かな在り方を実現させる契機ともなるが、「感情」が「理性」まで支配してしまうことによって、この世界との真に人間らしい関わりを欠落させてしまう契機ともなる。

それに対して、キリストにおいては、上述のように「神の力の節度づけによって」(III, q.15, a.9, ad 3)、怖れるべきものを怖れ、悲しむべきものを悲しむ豊かな感情の在り方が、理性的存在である人間の基本的性格を欠落させることのない仕方で実現していた。換言すれば、不受動的な様態で受動すること、すなわち、「理性」が感情によって支配されることがない仕方で感情の運動を通じた感覚的世界との出会いを経験することが可能になっていた。そして、それは「単なる人間」である我々とは全く無縁な在り方なのではない。感覚的欲求や「本性としての意志」の固有で積極的な役割を認めつつ、その負の可能性が食いとめられるような在り方が、我々の模範ともなる仕方で提示されている。

「本性としての意志」においては、人間は、単純に、魅力的なものに引き寄せられ、好ましからざるものから遠ざかる。状況の関数として自ずと動いてしまう。それに対して、「理性としての意志」においては、人間は、自ら能動的に状況を分節化する。自分の周囲の状況に単に反応するだけではなく、何かを通じて他の何かを達成するという意味での理性的な対応を為すことができるとの自覚が生まれてくる。そして、そうした能動的な分節化の果てに開示されてくるのが「受難」という受動の極みの選択肢だという点に、キリストにおける「理性としての意志」の特徴がある。「感覚的欲求の意志」や「本性としての意志」にとっては不本意な事態に直面しても、その否定的な事態に完全に巻きこまれたり圧倒され尽くしてしまうことなく、それをも包みこむような仕方でより大きな善へと向かいうる状況打開力――「理性としての意志」に基づいた柔軟な反発力――が人間には元来備わっている事実を、ゲッセマネにおけるキリストの意志の在り方は指し示している。

それは、「単なる人間」である我々にとっても無縁な在り方ではない。ちょっとした不調和、感覚的欲求の微細なぶれが、蟻の一穴のように、人生という構築物全体を台無しにする可能性がある。逆に、否定的な事態に直面しても、それを自己肯定感の全体へと波及させないような柔軟な反発力が、人間には元来備わっている。我々のなかに埋もれているそうした力を顕在化させていくことが求められており、またそれが可能でもあることを、ゲッセマネにおけるキリストの姿は、我々に指し示している。

キリストの精神がそうした回復力・逆境対応力を安定的・持続的に保ちえたのは、「単なる人間」ではなく、同時に神であり、キリストのうちなる「人間本性」が、その「神的本性」と常に不即不離の仕方ではたらいていたからであった。

単なる人間においては、身体は魂によって、そして感覚的欲求は理性的欲求によって動かされる。ちょうどそのように、主イエス・キリストにおいては、人間本性は神的本性によって動かされ、規制されていた。(III, q.19, a.1)

ここで注意しなければならないのは、古代末期の教義論争を経て確立したキリスト論の正統教義では、キリストにおける「人間本性」と「神的本性」は、「融合」もせずにまた「分離」もせずに「一致」していたと捉えられており、トマスもそのような理解を受け継いでいるという事実だ。[74]

こういった抽象的な教義は、本書の主題である感情論とは何の関係もないと思われるかもしれないが、そうではない。キリストの「人間本性」は、「神的本性」と「融合」も「分離」もせずに「一致」し、「神的本性」と不即不離にはたらくことによって、「人間本性」でなくなってしまったのではない。むしろ、「人間本性」の真の姿が罪による妨げなしに輝き出ることが可能になっていた。否定的な感情の動きによって理性が圧倒されてしまう負の可能性から守られていることによって、キリストの「人間本性」は、「人間本性」が有する肯定的な可能性を十全に発露させることができていた。

キリストの受肉と受難は、単なる「神秘的」な出来事にすぎないのではない。神の受肉であるキリストは、人間にとってどのような在り方が可能なのかを「単なる人間」である我々に伝達する、すなわち、人間本性の真の姿を明示する存在だ。そして、キリストの受難は、人間本性の根源的な善性を逆境のただなかで明示するものとして、人間に、自らの内的な善性を根源的な仕方で覚知させるものなのだ。

キリストは、たしかに、世界の新たな立ち現れ方を決定的な仕方で開示した人物である。だが、彼は、それまでの人類の在り方に何かを外から付け加えたというよりは、世界自体のなかにそして人間自体のなかにもともと潜んでいた肯定的な可能性をあらためて顕在化させたのだ。「受肉」や「受難」という神学的教説は、感覚的なこの世界と無縁な抽象的で超越的な教説であるどころか、苦難に満ちたこの感覚的世界を肯定的に受容する根源的な視座を与えてくれるものなのだ。

結論

本書では、人間論、神論、キリスト論という、トマスの哲学・神学体系における中核的な構成要素を、感情論の観点から、我々の身近な経験とも深く関連づけながら考察してきた。神やキリストとの対比のなかで明らかになったのは、人間存在の両義性だ。多種多様なあらゆるものからの影響や時間的変化にさらされている人間は、いつ何時思いがけない仕方で外界からの影響にさらされ、翻弄されてしまうかもしれない弱い存在である。だが、その脆弱《ぜいじゃく》さは、柔軟性と捉えることもできる。固い境界によって他者や外界と隔てられてはいない弱さやもろさを抱えているからこそ、人間は、自己閉塞的な存在に留まらずに、外界との関係を常に柔軟に組み換えていける。他者や他の事物や出来事からの影響を、自らのエネルギーへと転じて、新たな能動的行為の原動力と化していくことができるのである。

否定的《ネガティブ》な事態に直面しても、それに容易には圧倒されない柔軟な反発力が人間には元来備わっており、否定的な側面をも包みこむような仕方でより大きな善へと向かいうる状況打開力がある。そうした状況打開力を可能にする自己肯定感の原点になるのが「愛」という感情だ。「愛」を軸に人間の肯定力をあらためて捉えなおしながら、本書のまとめとしたい。

一　善の自己伝達性という根本原理

本書で論じてきた人間論、神論、キリスト論のすべてを貫いて底流を成しているトマス哲学の根本原理がある。それは、「善の自己伝達性・自己拡散性」という原理である。

トマスは、『神学大全』第三部のキリスト論の冒頭において、この根本原理を活用しながら、次のように述べている。

> ディオニシウスが『神名論』第四章において述べているように、善の特質には、自己を他のものに伝達することが属している。それゆえ、最高善〔神〕の特質には、最高の仕方で自己を諸々の被造物に伝達することが属している。このことが最大限に実現されるのは、アウグスティヌスが『三位一体論』第一三巻〔第一七章〕で述べているように、「御言葉〔子なる神〕と魂と肉体の三者から一つのペルソナが成るという仕方で〔神が〕被造の本性〔人間本性〕を御自身に結合する」ことによってである。それゆえ神が受肉するのはふさわしいことであったのは明白であ

る。（III, q.1, a.1）

イエス・キリストにおいて「神が人になる」＝「受肉する」ことの根拠は、神が自らを最高度に人間に分かち与える自己拡散性・自己伝達性に求められている。第六章で見た十字架の自己無化にまで至るキリストの受難の生涯は、逆説的にも、溢れんばかりの神の存在の充実の最も豊かな発露なのだ。

「善は自らを拡散させる（bonum est diffusivum sui）」という命題によって定式化されるこの原理の本質を一言で言うと、善いもの（充実しているもの）は、自らの存在の豊かさを自己閉鎖的に独占するのではなく、自ずと溢れ出すような仕方で他のものへと分かち与えていく在り方をしているということだ。たとえば、滾々《こんこん》と湧き上がる泉は、湧き上がってくる豊かな水を自らに独占することなく、自ずと川となって溢れ出していく。また、熱と光の固まりである太陽は、自らのみが暖かく光に満ちているのみではなく、その暖かさと輝きを、自ずと周囲のものへと分かち与えていく。

『神学大全』の第一部の神論では、神による万物の創造の理由が次のように説明されている。

〔神が〕諸々の事物を存在にまで産出したのは、諸々の被造物に自らの善性を伝達し（communicare）、これ〔善性〕をこれら〔の被造物〕を通じて表現するためであった。（I, q.47, a.1）

ここで「伝達する」と訳した communicare という動詞は、「分かち合う」「共有する」「分かち与える」「伝達する」と訳しうる言葉だ。神が被造物を創造したのは、自らの豊かな存在を多種多様な被造物に伝達し、分かち合うためであったとこのテクストは語っている。

そして、神的な存在の充満に基づいた他者への自己分与という動的な在り方は、神にのみあてはまるのではなく、被造物にもあてはまる。神によって創造された被造物は、単に受動的な存在に留まるのではない。自己分与という動的な在り方自体が、創造において被造物に分与される。

すべての被造物は神の善性を分有していて、所有している善を他のものへと拡散させる(diffundere)。なぜなら、自らを他のものへと分かち与えることが善の特質に属しているからである。(I, q.106, a.4)

この世界の万物を神の被造物として捉える創造論的な世界観では、全能の神のみが能動的で、神によって創られる被造物は受動的な存在にすぎなくなってしまうと思われがちだが、トマスにおいては、そのような捉え方はされていない。それどころか、「能動的に自己の善を伝達し分かち合う」という神的な善の在り方に分け与《あずか》ることによって、それぞれの被造物自身が、能動的な善の分かち合いという在り方を本質的に有しているとトマスは捉えている。植物や動物が自らと同種の個体を動的に再生産していくことも、人間が自らの有する善(知識や技術など)を他者へと分かち与えていくことも、こうした観点から捉えられる。

「善の伝達」「存在の分かち合い」に基づいた神による世界創造という事態は、大昔に起きた単なる過去の出来事にすぎないのではない。むしろ、善の分かち合いの動的な連鎖による世界全体の善き秩序の形成という仕方で、「善の自己拡散性・自己伝達性」という創造的原理は、この世界の万物の動的な運動を常に既に規定し続けている。

前述のように、善の自己拡散性というこの根本原理は、創造論においてのみではなく、キリスト論においても援用されている。キリストの受肉は、人間本性の再創造――罪によって汚されていない人間本性の本来の姿の回復――という結果をもたらしたが(III, q.3, a.8, ad 2)、その再創造(recreatio)のダイナミズムは、創造(creatio)のダイナミズムと同様、存在の力動的な自己譲与的活動という根本原理に依拠しながら語り出されているのだ。それでは、キリストの受肉においては、どのような仕方で善の自己伝達が実現しているのであろうか。

トマスは、「キリストの受難によるよりもよりふさわしい人類解放の何らかの仕方が存在したか」という問いを立て、いくつかの理由に基づいて、「キリストの受難」が「人類解放」の最もふさわしい仕方であったと言明している。

この問いに関してまず注目に値するのは、トマスがキリスト論のなかで多用する「ふさわしさ(convenientia)」の論理である。この論理は、必然性(necessarium)の論理と区別されて使用される。神による人類の救いといった人間理性を超えた出来事は、必然的な仕方で理性的に論証できる事柄ではない。だが、だからといって、有意義な仕方で理性的に考察することが全くできないのでもなければ、どのように捉えても同じだと結論できるわけでもない。聖書の言葉や優れた先人たちの言葉を手がかりにしながら多面的な仕方で理性的な考察を加え、様々な角度からの蓋然的な論拠を積み重ね組み合わせていくことができる。そのことによって、どのような方向で考えるのがよりふさわしくもっともなことであるのかが、必然性はないが手堅い仕方で浮き彫りになっていく。これが「ふさわしさ」の論理だ。

この論理に基づいてトマスが提示する、「キリストの受難」が「人類解放」の最もふさわしい仕方であった第一の理由は、次のものである。

> このこと〔キリストの受難〕によって、人間は神がどれほど人間を愛しているのかを認識し、また、このことによって、神を愛すること――人間の救いの完全性はそこに存する――へと強く心を動かされた。それゆえ、使徒〔パウロ〕は「ローマの信徒への手紙」第五章〔第八節〕のなかで、「わたしたちがまだ罪人であったとき、キリストがわたしたちのために死んでくださったことにより、神はわたしたちに対する愛を示されました」と語っている。(III, q.46, a.3)

このテクストでは、「人間の救いの完全性」が、神の愛に感応し、愛によってそれに応答することにあるとされている。人間の救いは、神を愛するという義務を果たす結果として実現される何かであるのではない。むしろ、神に愛され、その神を愛し返すこと自体が、「人間の救いの完全性」なのだ。

トマスによると、このような愛の共鳴と応答という観点は、人間と神とのあいだにおいてのみ成り立っているのではなく、「受難」という使命を与えた「父なる神」とキリストとの関係においても成立している。

〔父なる神は〕愛を注ぎこむことによって、我々のために「受動する＝受難する」意志を彼に〔キリストに〕吹きこんだ。（III, q.47, a.3）

また、同じ箇所で次のような分析も為している。

無垢な人間を、その人の意志に反して受難や死に引き渡すのは、邪悪であり残酷である。ところが、御父なる神はキリストをそのような仕方で引き渡したのではなく、我々のために受難する意志を彼に「呼び起こす＝吹きこむ（inspiro）」ことによってであった。（III, q.47, a.3, ad 1）

トマスによると、キリストの受難においては、実に様々な主体が、それぞれの観点から、キリストを受難や死に引き渡している。キリストを裏切ったユダは「金銭欲」に基づいて、ユダヤ人の指導者たちは「ねたみ」に基づいて、そしてユダヤ総督であったピラトはローマ皇帝に対する「怖れ」に基づいて、キリストを引き渡した。それに対して、父なる神はキリストを、そしてキリストは自分自身を、「愛」に基づいて引き渡した(III, q.47, a.3, ad 3)。

上掲のテクストで「呼び起こす=吹きこむ」と訳したinspiroという動詞は、「息を吹きかける」「(息を)吹きこむ、吹き入れる」「(思想・感情を)吹きこむ、鼓吹する」といった意味を有する語であり[75]、英語のinspirationの語源でもある。それでは、インスピレーションとはどのようなものであろうか。たとえば、一人の作曲家が、或る絵画から霊感《インスピレーション》を受けて作曲するとき、その絵画は、作曲家の耳に対して、外から何らかの音を注ぎこむわけではない。そうではなく、その絵画は、着想の源になることによって、作曲家の心を賦活し、彼の心のなかから内発的に新たな旋律が湧き上がってくるように鼓舞する。外から与えられるインスピレーションは、その作曲家を隷属させるどころか、内的な促しの源となることによって、彼を創造的な芸術家として自立させる。

それと同じように、父なる神がキリストに愛を注ぎこむことによって、キリストは、「受難の主体」として成立する。父なる神の愛に感応し、自ら進んで能動的に受難に向かう意志が呼び覚まされてくる。強制的な仕方ではなく、神の愛の息吹を受け、キリストは、意志的・能動的な受難の主体として成立し、「最も愛する自己の生命を愛徳の善のゆえに危険にさらした」(III, q.46, a.6, ad 4)。そして、そのことによって、「人間は神がどれほど人間を愛しているのかを認識し、神を愛することへと強く心を動かされた」(III, q.46, a.3)のである。

ここにおいて見出されるのは、愛による共鳴の連鎖と名づけるべき事態だ。キリストの受肉は、神の善性の最高度の発露であり、被造物である人間に対する神の愛の証だ。人間は、神が独り子を与えるに値するほどにまで、自己が神によって肯定されていることを、神の善性の最高度の表現であるキリストの存在を通じて自覚できる。そして、共鳴の連動は、人間同士の関係においても実現していく。

二　共鳴としての愛

「肯定の哲学」を構築したトマスは、人間の否定的な側面に対して無自覚であったのでもなければ、意図的に無視していたのでもない。それどころか、否定的な側面に対しても、卓抜した洞察力を示している。第二章でも引用したように、トマスは、「怒り」と「憎しみ」という二つの否定的な感情の相互関係について、次のような事実を指摘している。

我々は、最初は怒りによって隣人の悪を何らかの尺度に基づいて、すなわち報復という特質を有するものとして欲求する。ところが、後には、人は、怒りの持続性によって、隣人の悪を無条件的に欲望するところにまで至るのであり、それが憎しみの特質に属する。（II–II, q.34, a.6, ad 3）

このテクストにおいては、人間の有する否定的な感情の深まりに関する実に興味深い洞察が見出される。「怒り」は、元来、「憎しみ」と直接的・必然的な関係を有しているわけではない。それどころか、我々は、しばしば、「愛」(「憎しみ」の対概念)を抱いている相手に対して「怒り」を抱く。愛している恋人に対して、愛しているがゆえにこそ、無関心な相手に対しては抱かないような「怒り」を感じるといった場合のように。そうした「怒り」は、生まれてはやがて収まっていく一時的・流動的なものだ。だが、「怒り」を抱かされる機会があまりに頻繁になるにつれて、その「怒り」が増幅して「憎しみ」という否定的な仕方で固定化してしまう。そうなると、「可愛さ余って憎さ百倍」の表現にもあらわれているように、きわめて根強い憎しみが抱かれてしまうこともある。

感情は、一見、捉えどころがなく、生まれてきては消え去っていくだけのようにも思われるが、そうではない。一回一回どのような感情を抱くかが、長期的にどういった感情が持続的に生まれやすくなるかを方向づけていく。上掲のテクストで表現されているのは、このような感情の負の連鎖だ。トマスは、「憎しみは根源的悪徳(vitium capitale)であるか」という問いを立て、憎しみが「根源的悪徳」であることを次のように否定している。

悪徳とは、理性的動物であるかぎりの人間の本性に反するものである。しかるに、本性に反して為されるところの諸々の事柄において、本性に属するところのものは、少しずつ腐食させられていく。それゆえ、ものは、本性に即している度合いのより少ないものからまず最初に引き離され、最後に、最大限に本性に即しているものから引き離される。なぜならば、〔もの〕の構成・構築において最初であるものは、崩壊においては最後のものだからである。ところで、人間にとって最大限にそして第一に自然であるものは、善を愛すること、とりわけ神的な善と隣人の善を愛することである。それゆえ、この愛に対立する憎しみは、悪徳によって為される徳の破壊において最初のものであるのではなく、最後のものである。それゆえ、憎しみは根源的悪徳ではない。(II-II, q.34, a.5)

「根源的悪徳」とは、他の諸々の悪徳がそこから頻繁に生じてくる出発点となるような悪徳のことだ。具体的には、虚栄心や金銭欲などである。このテクストで、トマスは、憎しみがそういった意味における根源的悪徳であるかを問題にしたうえで、その可能性をはっきりと否定している。人間性の構成にとって、善を愛すること、とりわけ他者(神と隣人)の善を愛することは、最も基本的な土台であり、その意味で「最初のもの」だ。それゆえ、様々な悪徳や罪の積み重ねによって人間性に歪みが生じてきても、ただちにその土台である「愛」まで揺るがされはしない。たとえば「臆病」という悪徳を有する人物が、立ち向かうべき社会的な困難から逃避して、家族への愛という私的なものへの安住を求めるといった場合のように、悪徳はしばしば何らかの愛と共存している。いや、それどころか、何らかの愛があるがゆえにこそ悪徳が生じているとも言える。

更に例を挙げると、「不節制」という悪徳を有する人物が、不倫の愛へと走るとき、たとえ歪んだ愛と言わざるをえないにしても、人間を愛しているからこそ、そういった不倫関係へと入りこむとも言える。人間は、そうそう簡単には、他者に対する憎しみを基本的な原理として生きるといった状態に立ち至ることはない。一時的で流動的な感情としての憎しみではなく、持続的で凝り固まった否定的な行動原理（悪徳）としての憎しみが人格の中心的な構成要素になるというのは例外的な事態である。

憎しみは、それに基づいて他の諸々の悪徳が生まれてくる根源であるよりは、むしろ、諸々の悪徳の積み重ねによる人間性の漸次的腐食の帰結として生じてくるものなのだ。性的欲望に関する「不節制」による不倫関係の結果である人間関係全般の泥沼化や、「臆病」による社会的困難からの逃避に起因する人間関係の悪化の積み重ねのなかで、他者に対する憎しみが次第に増幅し、行動全体の原理と言えるまでに突出してくる、といった場合のように。

「不節制」や「臆病」などの悪徳を抱いている人物は、多少なりとも歪んだ仕方で自らの愛する善を実現しようと試みているのだ。その意味で、愛の否定を原理にしている憎しみとは大きな違いがある。そして、実は、憎しみの場合においてさえ、愛している自己自身にとって違和感があって不共鳴を感じさせる相手を憎むという意味では、非常に狭く限定されてしまっているとはいえ、或る種の愛（自己愛）を前提にしているとも言える。このような事実は、愛による共鳴という肯定的な地盤が人間にとっていかに本質的かを指し示している。反対に、悪徳や罪は、そのようなかけがえのない基盤を掘り崩していく。

トマスは、否定的な感情や悪徳の連鎖と対照的な、肯定的な感情の連鎖について、次のように分析している。

欲求的な力のうちには或る種の循環が存在する。それゆえ、欲求的な運動の第一の経過に基づくと、愛から欲望が帰結し、欲望していたものを獲得したときに、その欲望から喜びが帰結する。そして、愛されている善において喜ぶこと自体が或る種の善という特質を有するのだから、喜びが愛を引き起こすということが帰結する。(II-II, q.34, a.6, ad 1)

このテクストは、以下のように解読できる。まず、「愛」は、何らかのものの魅力(善)に心を打たれること、つまり「気に入ること(complacentia)」によって生まれてくる。そして、何かを好きになると、それを手に入れようとする「欲望」が生じてくる。魅力的な対象の獲得によって、その「欲望」が満たされると、最後に、「喜び」が生じてくる。これが、トマスが「欲求の運動の第一の経過」と名づけている、三つの肯定的な感情の発生の順序である。

だが、この連鎖はそれで終わりではない。身近な具体例に基づいて考えてみよう。たとえば、商店街を歩いている人の目に、魅力的なコートが、ショーウインドー越しに目に入ってくる。そのコートの魅力に心を打たれた──「愛」を抱いた──その人は、それを手に入れたいという「欲望」

を抱き、金銭を貯めて、無事にそのコートを獲得すると、「欲望」は一段落して、「喜び」が生まれてくる。とはいえ、肯定的な感情の連鎖は、これで終わりになるわけではない。その人は、「喜び」という魅力的なもの（善）を与えてくれるものとして、ますますそのコートを愛するようになる。その意味で「喜びが愛を引き起こす」のだ。

そして、「喜び」によって引き起こされた「愛」の向かう先は、その一つのコートに尽きるわけではない。それまではファッションにたいして関心を抱いていなかったその人は、一つのコートが与えてくれた「喜び」を通じて、そうした喜びを与えてくれるファッションの世界自体に対する「愛」を呼び起こされうる。それは、ささやかなことかもしれないが、この世界において生き続けていくことを支えてくれる、この世界との肯定的なつながりを、新たな仕方で与えてくれる出来事なのだ。

もう一つ別の例を考えてみたい。親の愛を知らずに心を閉ざして育った人が、或るとき、何かのきっかけで、自らをありのままに受け入れてくれる誰かの愛に対して心が開かれたとしよう。そのとき、その人に与えられるのは、一人の友人、一人の恋人、一人の恩師とのつながりのみではない。この世界は、単なる灰色の無機的な空間ではなく、自らの心と肯定的な仕方で響き合えるものでもあるとの基本的な感覚自体が与えられる。

もしも、この世界のなかに、好感を抱きうるもの、自らの心と肯定的に響き合えるもの、そういったものが何も存在しないとしたならば、この世界は、そしてそのような世界のなかで営まざるをえない人生は、いかに荒涼としたものとなってしまうであろうか。

このように理解すると、「愛」という感情は、「喜び」という感情が生まれてくるための、遠い原因にすぎないのではない。「愛」自体が、或る意味、一つの「喜び」なのだ。気に入った何らかのものを獲得できないにしても、または、愛する誰かと親しくなれないにしても、何かが気に入る、誰かを好きになる経験自体が、「喜び」を与えてくれる。たとえ手に入れることができないにしても、何らかの対象を感じのよいものと受けとめることができる事実自体が、「喜び」を感じさせてくれる。

トマスはこのような「喜びとしての愛」とも名づけるべき経験を「善が気に入ること（complacentia boni）」という「愛」の定義において的確に捉えている。complacentia（気に入ること）は、complaceo という動詞に由来する。そして、この動詞は、placeo（喜びを与える、喜ばせる）の強意語である。boni は、bonum（善）という名詞の属格（所有格）である。それゆえ、complacentia boni とは、何らかの対象の善性（魅力）によって喜びを与えられていること、その善性に満足していること、その対象の魅力を気に入っていることを意味している。「愛」の定義として語られている complacentia 自体のうちに、「喜び」が含意されている。

こうして、我々は、「欲望」によって魅力的な対象へと能動的に向かい、それを獲得して「喜び」を感じる以前に、何かをまたは誰かを愛している経験自体によって、或る種の喜びを既に感じとっている。そのような「愛」の経験は、我々がこの世界に対して調和し、うまく同調できているという感覚を与える。

この世界が、雑多な事物や人物や出来事の混沌とした無秩序な寄せ集めにすぎないのではなく、そのなかに人間の心の共鳴を呼び起こす様々な魅力的な事物が存在している事実は、我々に与えられている根源的な恵みと言えるであろう。

だからといって、そのような愛は、生まれながらに人間に備わっているのではない。時間をかけて少しずつ育まれていく。トマスは『神学大全』第二部の第二部第二七問題第二項「愛徳の行為であるかぎりにおける愛することは好意と同一であるか」において、次のように述べている。

> あらゆる感情は或る勢い（impetus）を伴ってその対象へと向かう。しかるに、愛という感情は突然生じるのではなく、愛されるものについての何らかの持続的な吟味（assidua inspectio）によって生じてくる。それゆえアリストテレスは『ニコマコス倫理学』第九巻〔第五章 1166b33〕のなかで、〔理性的欲求としての意志のはたらきである〕好意（benevolentia）と感情としての愛の相違を示しつつ、「好意は緊張も欲望（desiderium）も持たない」、つまり傾向性という何らかの勢い〔を持たず〕、理性の判断のみに基づいて人は他者に善を望むのだ、と述べている。同様にまた、このような愛〔感情としての愛〕は何らかの慣れ親しみ（consuetudo）に基づいているのに対して、好意はときとして突然生じてくるものであり、たとえば格闘している拳闘士たちについて起こる。その一方が勝利することを我々は望むのである。（II–II, q.27, a.2）

このテクストに関して第一に注目に値するのは、愛の持続的な性格が強調されている点だ。愛は、突然生じるのではなく、「持続的な吟味」によって生じてきて、一つの「傾向性(inclinatio)」を形成する。拳闘士に対するふとした「好意」がすぐに生じてきてすぐに消え去っていくのとは対照的だ。愛は生まれては消え去っていくとりとめのない表層的なものではなく、我々の在り方を深層において持続的に規定する。

第二に注目に値するのは、感情には「勢い」があるとの興味深い主張だ。魅力的な対象に対する肯定的な思いは、時間をかけて成熟し、心のなかに定着し、簡単に揺れ動くことのない一つの方向を持つようになる。トマスが「傾向性という何らかの勢い」と言っているのは、愛によって形成される、対象に対する心の確固とした力動的なつながりのことなのである。愛は、時間による吟味に耐える仕方で育まれ、この世界に対する人間の安定的で持続的な関係の基盤となっていく。感情の構造について哲学的に認識することは、単に知的満足を与えるのみではなく、そうした基盤を構築し、愛する善の喪失や悪への直面といった状況に応じてその基盤を柔軟に再構築していくための実践的な手がかりともなるのだ。

このような仕方で、我々は、何らかのものに対して抱いた愛を橋頭堡《きょうとうほ》としながら、この世界とのあいだに肯定的な絆を漸進的に築き上げていくことができる。すべての感情の基盤には「愛」があるというトマス感情論の基本原理が意味しているのは、単なる感情発生の時間的順序の話に尽きるのではない。むしろ、我々の生を支えている最奥の基盤として、この世界の諸々の存在者――人物、事物、出来事――と我々の心との根源的な響き合いがあることをこそ意味している。

愛という肯定的な基盤など存在せず、自らの生やこの世界が全体的に悪しきものとして現象してくることもあるのではないかとの異論があるかもしれない。だが、全体が悪しきものとして現象するためには、そのための前提として、何が善き生であるのかという生の肯定的な全体像が浮き彫りになっていなくてはならず、自らの生全体を悪しきものと捉えるためにすら、「善き生」という肯定的なものを基盤としなければ論理的に不可能だという構造になっている。

この世界が悪に充ち満ちていると嘆くとき、我々は、あるべき善き秩序の存在を暗黙的に認めているのであり、また、自らの生がもはや回復不可能なほどに絶望的で悪しきものになってしまったと嘆息するとき、我々は、これこそ生きるに値する善き生だという生の理想像を暗黙的に肯定していることになる。憎悪や絶望という最も否定的なものでさえ、愛による肯定や共鳴という基盤を前提にしてはじめて成立しうるのだ。

トマスが、「愛」の特質として指摘している「共鳴」は、ラテン語では、consonantia という語が使われている。con は「共に」を意味し、sonantia は、「鳴る」「響く」「鳴り響く」を意味する sono という動詞に由来している。それゆえ、consonantia とは、共鳴すること、共に鳴り響くこと、反響すること、調和すること、といった意味を持つ語である。

複数の事物が共鳴するとき、一方の音をもう一方が受動的に受けとめるのみではない。一方からの刺激を受けることによって、もう一方の側自体が、自発的に音を発し、響き合いが生じてくる。それと同じように、対象の魅力に共鳴する私は、単に受動的にその対象から心を動かされるのではない。対象の魅力に打たれた私の心が賦活されることによって、逆に、その対象の魅力を新たな仕方で能動的に引き出すこともできるようになる。

たとえば、優れた音楽批評家は、鳴り響く音楽の魅力に心を打たれ、その魅力を知的に捉えなおすことによって、単に聞き流していたのでは捉えられないようなその音楽の魅力をより深く引き出し、それを他者に対して伝えることもできるようになる。そして、その音楽の深い魅力を批評家から伝えられた者は、再びその音楽を聴きなおすことによって、自らの力のみでは聴きとれなかった魅力を聴きとれるようになる。そのさい、その人は、批評家の解釈を一方的に教えこまれたのではなく、むしろ、鳴り響く音楽からその魅力を能動的に引き出す方法自体を多かれ少なかれ同時に教わったと言うこともできる。だからこそ、それぞれの人が、やがて、その批評家の解釈を批判するような仕方で、自ら固有の音楽の聴きとり方を身につけていくこともできるようになるのだ。

ここにおいて見出されるのは、受動性と能動性の絶妙な絡まり合いである。クラシック音楽に何の魅力も感じなかった子供が、様々な機会に優れた演奏に触れる経験の積み重ねを通じて、次第にその魅力に心を動かされるようになっていく。いわば、受動する能力を身につけていく。そして、いったん魅力が分かるようになると、更にその魅力を味わえるようになるために、様々な努力を能動的に積み重ねていくようにもなる。それは、魅力を受動する(受容する)能力を能動的に身につけていくこととも言えるし、対象からその魅力を能動的に引き出す能力自体が、対象の魅力に心を動かされるという受動的な経験によって育まれているとも言える。

> 受動＝感情（passio）の大きさは、能動者の力に依存するのみではなく、受動者の受動可能性＝感受可能性（passibilitas）にも依存する。なぜなら、受動しやすい＝感受しやすいものは、些細な能動者からも大いに受動する＝感受するからである。（I–II, q.22, a.3, ad 2）

このテクストでは、能動者と受動者――感情を抱かせるものと感情を抱く人間――との関係が、絶妙な仕方で捉えられている。対象から受ける感銘の大きさは、対象の魅力自体にのみ依存しているのではなく、感銘を受ける主体が、その対象から感銘を受ける能力をどれだけ有しているかにも依存しているのだ。

このように、一方的に受動的であるのでもなければ、一方的に能動的であるのでもない、絶妙な相互作用のなかで、人間の心は、この世界のなかから、共鳴可能な様々なものを見出していくことができる。「共鳴する」という肯定的な経験の積み重ねによって、肯定し共鳴する力自体が成熟していく。この世界の内部に存在する個別的なもののいくつかに対する共鳴が深まっていくのみではなく、この世界が共鳴可能なものだという根源的な事実自体に対する共鳴も深まっていく。世界を肯定している自己が、世界に共鳴している自己自身に共鳴し肯定するという肯定の連鎖が生じていく。

我々の生を脅かしてくる様々な悪――我々の心に不共鳴（dissonantia）を与えるものや出来事――に取り囲まれながらも、我々が完全にそれらに屈してしまうことなしに、自己と世界との関係を柔軟に建てなおし続けていけるのは、我々の生の根底に、常に既に、この世界に対する根源的な共鳴（愛）が現存しているからなのだ。もしもそのような根源的な共鳴が存在しなくなれば、もはや、何かを「不共鳴」と感じることすらなくなり、この世界は、単なる荒涼とした無機物の集積のようなものになってしまうであろう。

それでは、人間の柔軟な回復力の基盤ともなる根源的共鳴は、人間関係のなかで、どのように育まれていくことができるのであろうか。

三　共鳴の連鎖

前節で述べた肯定的な響き合いは、一個人の心のなかで自己完結するのではない。愛による共鳴と、それに基づいた肯定的な感情の連鎖は、その中軸である「善」を介して、他者をも巻きこみながら更なる共鳴の連鎖を実現していく。

トマスは、『神学大全』第二部の第一部第三二問題第六項において、「人に親切にすることは喜びの原因であるか」という問いを立てている。ここで「親切にすること」と訳したbenefacereという動詞は、「正しく行なう」「善行を為す」「親切にする」といった意味を有しているが、トマスは、人に親切にすることは、三通りの仕方で喜びの原因となると述べている。それは、その親切の「結果」と「目的」と「起源(principium)」の三通りだ。

第一に、他者にもたらす「結果」という観点から、親切は喜びの原因となる。自らの親切——他者のうちに善をもたらすこと——が功を奏すると、他者のうちに何らかの善——道徳的善、有用的善、快楽的善——が実現する。そして、親切を施す相手に対する「愛の一致」によって、自己は他者と心において深く結びついているので、他者のうちに実現された善を、自らの善のように見なして、その善が実現したことを喜ぶのだ。

第二に、親切の「目的」という観点から、親切は喜びの原因となる。他者に親切にすることによって、神または人から何らかの善を自らのために獲得することを希望するような場合である。トマスは、その内実について詳しい説明を与えてはいないが、親切をすることによって、人々からの善い評判という善を獲得することを期待するとか、神からの報いを希望するとか、親切をした相手がいずれ自らにもっと大きな親切を返してくれることを期待するとか、そういった類のことを述べているのだと思われる。そして、自らが何らかの善をいずれ獲得できるという「希望」を抱くことは、まだその善を獲得していない段階においても、喜びが生まれてくる原因となる。

親切が喜びの原因となる根拠として最も注目に値するのは、第三の「起源」との関係という観点だ。トマスは、この第三の観点を、更に三通りに下位区分しているが。そのうちの最も重要なものである第一のものは次のとおりだ。

そのうちの第一のものは、親切を為す能力である。この観点から言うと、他者に親切にすることが喜ばしいことであるのは、そのことによって、自らのうちにあり余るほどに豊かな善が存在していて、そこから他者へと分かち与える(communicare)ことができるほどだ、という何らかの思いがその人のうちに生じてくるからである。

だからこそ、人は、子供たちや自己の仕事＝作品(opus)のうちに喜びを感じるのだが、それは、自らに固有な善を分かち与える対象としてなのである。（I-II, q.32, a.6）

このテクストで語られているのは、自分の親切を相手が喜んでくれるから自分も嬉しいという事態でもなければ、自分の親切に対する善き報いを期待して喜びを抱くという事態でもない。そうではなく、他者に分かち与えることができるほどに豊かな善が自らのうちに備わっていることの自覚が喜びを生む、と言われている。

トマスは、このような仕方で生まれてくる喜びを、「起源」との関係において生まれてくる喜びと分類している。自らによって為された親切な行為が何に由来するのかを自覚することで生まれてくる喜びという意味だ。善を他者に分かち与える「起源」としての自己の能力――ひいてはそういった能力を有している自己の存在そのもの――に対する肯定的な評価から生まれてくる喜びである。

ここにおいては、愛の主体は、魅力的な対象から心を揺り動かされて、その魅力を心に刻みつけられるような、単なる受動的な存在ではない。そうではなく、愛する者は、自らの有する善を無償の仕方で他者へと能動的に分かち与え、そのことに大きな喜びを感じる自己譲与的な主体となっている。

いまや、「愛」と「喜び」との関係は、当初とは異なったものへと発展している。前節で述べたように、出発点においては、愛自体が喜ばしいものであった。愛する者は、何かをまたは誰かを愛せることと自体に喜びを感じていた。魅力を感じさせてくれるような事物や人物がこの世界に存在していることは、無償の恵みとでも言うべきものであった。「善が気に入ること」(愛すること)それ自体が喜びであった。ここにおいては、主導権は対象の側にあった。愛の対象の側が、その魅力によって、愛の主体を引き寄せることによって、愛の関係が始まった。愛の対象の側が能動的であって、愛する者は受動的に関係のなかへと導き入れられている。

だが、愛の運動の極点においては、愛する者は自らの有する善を愛の対象である他者へと分かち与え、そのことに喜びを感じることができる。その意味で愛は喜びの原因となる。「善が気に入ること」としての最初の喜びは受動的であるのに対して、「自らに固有の善を他者へと分かち与えること」としての第二の喜びは能動的だ。そうすると、この二つの喜びはきわめて異なるものであるようにも思われる。

ところが、この二つの喜びは、統合的に捉えうるものでもある。前節でも述べたように、「善が気に入ること」としての最初の喜びは、実は、単に受動的なのではない。トマスは、「気に入ること(complacentia)」という喜びを人間の心に与える魅力的な対象のことを、appetibileと呼んでいる(I–II, q.26, a.2)。appetibileは、「欲求する」という意味のappetoに、可能を表すbileが付加されて形成された語であり、文字通りに訳すと、「欲求されることが可能なもの」となる。それは、或るときには現実的に欲求されているが、他のときには欲求されないままに留まっている。あくまでも「可能性」の話なのであって、常に現実的にまたは必然的に欲求されているのではない。

或る対象がどれだけ魅力的であろうとも、その対象によってはたらきかけられる人がその真価を認めることができないならば、その人の心のうちに、「善が気に入ること」が生まれてくることはない。それゆえ、厳密に言えば、「善が気に入ること」は、愛される対象と愛する人の共同作業によって生まれてくる。愛する者は、愛される対象から、その魅力を能動的に引き出すことによって、その対象の魅力によって受動的に心を揺り動かされる。

同様に、「自らに固有の善を他者へと分かち与えること」としての第二の喜びも、単に能動的なのではない。自己の有する善を分かち与えようという善意を私が有していても、他者がその善意を受けとってくれなければ、私は善を分かち合うことはできない。善を伝達しようという私の善意が向けられている相手が、その贈り物を受け入れるか否かに、「善の分かち与え」の成否はかかっている。私の善意は、それが向けられている相手の受容性に対して受動的にさらされているとも言えよう。それゆえ、「善の分かち与え」もまた、愛する人と愛されるものとの共同作業によって生まれてくるものなのだ。

こうして、「魅力的な対象」と「愛する主体」との共同作業は、「善が気に入ること」として始まりつつ、「善の分かち与え」へと展開していく。魅力的な対象によって心を打たれるという受動的な仕方で発生する「善が気に入ること」とは正反対の在り方をしているようにも見える能動的な「善の分かち与え」は、「善が気に入ること」という原初的な経験における「魅力的な対象」と「愛する主体」との共同作業が孕《はら》んでいた可能性の自然な展開であり現実化なのであり、このような仕方で、肯定の経験自体のなかに、更に肯定を深めていく原動力が内在している。

本書で展開してきた「肯定の哲学」は、トマスのテクストに対する深い「共鳴」から生まれてきたものだが、それは、単なる抽象的な思想でもなければ、単に観念的な仕方で頭のなかで強引にこの世界や自己を肯定しようとするものでもない。それは、肯定・共鳴の経験自体が、次なる新たな肯定・共鳴を呼び覚ますという、我々すべてが多かれ少なかれ経験している響き合い(consonantia)の経験を自覚的に捉えなおすことによって、他者との協働のなかでその経験を更に肯定的な方向へと導こうとする、実践的な生の技法なのである。

注

1 クラウス・リーゼンフーバー『中世における自由と超越』酒井一郎・高尾由子他訳、創文社、一九八八年。同『中世哲学の源流』村井則夫・矢玉俊彦訳、創文社、一九九五年。

2 Robert Miner, *Thomas Aquinas on the Passions*, Cambridge University Press, 2009; Diana Fritz Cates, *Aquinas on the Emotions: A Religious-Ethical Inquiry*, Georgetown University Press, 2009; Nicholas E. Lombardo, *The Logic of Desire: Aquinas on Emotion*, Washington, D.C.: Catholic University of America Press, 2010.

3 Thomas Franklin O'Meara, *Thomas Aquinas, Theologian*, University of Notre Dame Press, 1997, p. 45.

4 イスラーム世界からラテン・キリスト教世界への哲学的な知の伝播や知性単一説の詳細に関しては、以下の拙論を参照されたい。山本芳久「イスラーム哲学――ラテン・キリスト教世界との交錯」、神崎繁・熊野純彦・鈴木泉編『西洋哲学史II』所収、講談社選書メチエ、二〇一一年、二一一―二八〇頁。

5 このあたりの歴史的経緯について、詳しくは下記の研究を参照されたい。フェルナン・ファン・ステーンベルヘン『十三世紀革命』青木靖三訳、みすず書房、一九六八年。

6 Gilbert Keith Chesterton, *Saint Thomas Aquinas: The Dumb Ox*, 1933, rep., New York: Doubleday, 1956, p. 112.

7 「欲望的な感情」「気概的な感情」と訳した passio concupiscilibis と passio irascibilis は、従来、「欲情的な感情」「怒情的な感情」と訳されることが多かった。だが、「欲情」という日本語には好ましくないニュアンスがあり、感情の肯定的な動きに焦点をあてているトマス哲学の用語の訳語としてはふさわしくない。また、「怒情」は見慣れない日本語であり、意味を取りにくいので、「気概」という「困難」に関わることが見てとりやすい訳語を本書においては採用する。それは、古代ギリシア哲学――とりわけプラトン――においてしばしば使用される「気概」という訳語との連続性を示唆しうるといった意義をも有している。トマスは、ごく一部を除いて、プラトンのテクストを直接読むことはできなかったが、ネメシウス(四世紀)などを通じてプラトン的な概念を受容している。

8 トマスは、『神学大全』の感情論のなかで、「欲望」について言及するさい、desiderium という語と cuncupiscentia という語を、特に区別することなく用いている。他の文脈においては、concupiscentia という語は、しばしば、好ましくない欲望を意味しており、その場合には「情欲」と訳すべきものであり、欲望全般を善悪中立的な仕方で指示する desiderium とは区別する必要がある。感情論においては、互換可能な仕方で用いられているため、本書においては両方ともに「欲望」と訳す。

9 哲学的探求の方法としての「区別」については、スコラ学を主題にしたものではないとはいえ、次の論文から学ぶところが大きかった。Robert Sokolowski, "The Method of Philosophy: Making Distinctions," *The Review of Metaphysics* 51 (1998), pp. 515–532, especially, pp. 519–520, 524.

10 「〈マニフェスタティオ〉(顕示。manifestatio)、すなわち明らかにすること《イルーシディション》あるいは明瞭にすること《クラリフィケイション》は、私が初期および盛期スコラ学の第一支配原理とよびたいところのものである」(アーウィン・パノフスキー『ゴシック建築とスコラ学』前川道郎訳、筑摩書房、二〇〇一年、四七―四八頁)。Christoph Berchtold, *Manifestatio veritatis: Zum Offenbarungsbegriff bei Thomas von Aquin*, Münster: Lit, 2000.

11 『希望について』のテクストは、次のものを使用した。Thomas Aquinas, *Quaestiones disputatae de spe*, in *Quaestiones disputatae*, Volumen II, cura et studio P. Bazzi, M. Calcaterra, T. S. Centi, E. Odetto, P. M. Pession, Taurini: Marietti, 1965.

12 感情の受動性については、本書の第四章でより詳しく説明する。拙著『トマス・アクィナスにおける人格《ペルソナ》の存在論』（知泉書館、二〇一三年）の第六章「根源的な受動性としての愛——人格の全体性における情念の意味」（一四三—一六四頁）も参照されたい。

13　cupiditas という語は、concupiscentia と同様に、好ましくない欲望を意味する用語として、「貪欲」「情欲」などと訳すべき文脈もあるが、この箇所においては、欲望全般を意味する desiderium と特に区別することなく用いられている。

14　Robert Miner, *Thomas Aquinas on the Passions: A Study of Summa theologiae: 1a2ae 22–48*, Cambridge University Press, 2009.

15　「大胆」と「向こう見ず」と訳し分けた言葉は、ラテン語では、同一の audacia という言葉である。audacia には、「大胆」という「感情」を意味する場合と、「向こう見ず」という「罪」「悪徳」を意味する場合とがある。このような経緯に関して、トマスは、次のように述べている。「大胆（audacia）は或る種の感情である。しかるに、感情は理性に即して節度あるものとなっている場合もあれば、過剰あるいは不足によって、理性による節度を欠いている場合もある。そして後者の場合に感情は悪しきものとなる。ところで、ときに感情の名称がその過剰から取られることがある。たとえば、あらゆる怒りではなく、度を超えた、つまり悪しきものとしての怒りが、「悪徳としての」怒りと言われるのがそれである。そしてこのような仕方で、過剰の意味で語られた大胆さ＝向こう見ず（audacia）は罪と見なされる」（II–II, q.127, a.1）。日本語でも、「そんなに感情的にならないでください」と言うときなどのように、度を超えた感情に基づいて行動する態度を「感情的」と批判的に形容する場合があるのと、似ているところがあるとも言えよう。

16　ジャック・ル＝ゴフ『中世とは何か』池田健二・菅沼潤訳、藤原書店、二〇〇五年、一四四—一四五頁。

17　Vincenzo Maria Fontana ed., *Constitutiones, declarationes et ordinationes capitulorum generalium sacri ordinis fratrum praedicatorum*, Romae: Bernardi Morini, 1872.

18 ギレルムス・ペラルドゥスによる『悪徳大全』や『徳目大全』（一二三六―一二四九頃）といった著作も、同様の傾向の著作であり、悪徳と徳に関する一覧と、具体的事例・道徳的逸話を含んでいた。次の研究を参照されたい。Mark F. Johnson, "An Accomplishment of the Moral Part of Aquinas's *Summa theologiae*," in James R. Ginther and Carl N. Still eds., *Essays in Medieval Theology and Philosophy in Memory of Walter H. Principe: Fortresses and Launching Pads*, Aldershot: Ashgate Publishers, 2004, pp. 85–104, especially, p. 89.

19 Mark D. Jordan, "The *Summa of Theology* as Moral Formation," in *Rewritten Theology: Aquinas after His Readers*, Oxford: Blackwell, pp. 116–135, especially, pp. 132–133.

20 トマスは、ライムンドゥスからの引用であることを明言せずに、字句通りの引用を多数行っている。これは、過去の「権威」とは異なり、同時代の著者については、その名前を明言しないスコラ学の慣例に基づいたものである。たとえば、II–II, q.100, a.1; II–II, q.100, a.2, ad 6; II–II, q.100, a.6, ad 5 に、ライムンドゥスからの引用が見出される。

21 Leonard E. Boyle, O.P., "Notes on the Education of the *Fratres Communes* in the Dominican Order in the Thirteenth Century," in *Pastoral Care, Clerical Education and Canon Law, 1200–1400*, London: Variorum Reprints, 1981, pp. 249–267, especially, pp. 257–258; Joseph Goering and Pierre J. Payer, "The "*Summa Penitentie Fratrum Predicatorum*": A Thirteenth-Century Confessional Formulary," *Mediaeval Studies* 55 (1993), pp. 1–50.

22 Leonard E. Boyle, O.P., "The Setting of the *Summa Theologiae* of Saint Thomas," in Leonard E. Boyle, *Facing History: A Different Thomas Aquinas*, Louvain-la-Neuve: Fédération internationale des instituts d'études médiévals, 2000, pp. 65–91.

23 ヨゼフ・ピーパー『四枢要徳について――西洋の伝統に学ぶ』松尾雄二訳、知泉書館、二〇〇七年、四〇―四四頁。

24 『任意討論集』のテクストは、次のものを使用した。*S. Thomae Aquinatis doctoris angelici Quaestiones quodlibetales*, cura et

studio Raymundi Spiazzi, Taurini: Marietti, 1956.

25　差し迫る必要性があるさいには、司教や神学者が、固有の職務を中断して信者の魂の救いを個別的に意図する必要性があるともトマスは述べている。

26　M. Michéle Mulchahey, "*Societas studii*: Dominic's Conception of Pastoral Care as Collaborative Study and Teaching," in *Domenico di Caleruega e la nascita dell'Ordine dei frati Predicatori: Atti del XLI Convegno storico internazionale, Todi, 10–12 ottobre 2004, Spoleto*: Fondazione Centro italiano di studi sull'alto Medioevo, 2005, pp. 441–465, especially, pp. 461.

27　稲垣良典『トマス＝アクィナス』清水書院、一九九二年、五五頁。

28　山田晶「聖トマス・アクィナスと『神学大全』」、『世界の名著20 トマス・アクィナス』所収、一九八〇年、七—六九頁、特に三八頁。

29　最も有名なのは、ヘールズのアレクサンデル（一一八五頃—一二四五）によって為された、ペトルス・ロンバルドゥス『命題集』の各巻の「区分」であった。なお、『命題集』については、本章第四節でより詳しく論じる。

30　Mariken Teeuwen, *The Vocabulary of Intellectual Life in the Middle Ages*, Turnhout: Brepols, 2003, pp. 260–263.

31　稲垣良典「まえがき」、トマス・アクィナス『神学大全』第一四分冊所収、創文社、一九八九年、二—三頁。

32　ジャック・ル＝ゴフ『中世西欧文明』桐村泰次訳、論創社、二〇〇七年、五四三—五四六頁。

33　スコラ的方法の起源は、通常、ペトルス・アベラルドゥス（一〇七九—一一四二）に求められる。彼は、『然りと否（*Sic et Non*）』の序文のなかで次のように同書の執筆意図を説明している。「聖なる教父たちの様々に述べたものを集めてみることにしよう。それらは、それらが有していると思われる不一致から生じる何らかの問題を含むものとして我々の記憶に現れてくるものであり、またそれらは、頭の固まっていない読者を真理探究の最大の練習へと促し、探究によってより鋭い頭の持ち主とするものである。なぜなら、次のことが知恵の第一の鍵と定義されるからである。即ち、それは熱心に絶えず問いを発することである。……われわれは疑うことによって探究するようになり、探究することによって真理を把握するのである」（上智大学中世思想研究所監修・編訳『前期スコラ学 中世思想原典集成7』所収、大谷啓治訳、平凡社、一九九六年、五一九―五二〇頁）。このテクストには、後に展開するスコラ的方法の全てが凝縮されて含まれている。また、中世教会法学の金字塔であるグラティアヌス（一〇七五／八〇―一一四五／四七）の著作は、通常、『グラティアヌス教令集（*Decretum Gratiani*）』と呼ばれるが、その正式なタイトルは『矛盾教会法令調和集（*Concordia discordantium canonum*）』であり、「矛盾・不調和（discordia）」を孕んでいるように見える諸々の教令の「調和（concordia）」を目指す精神は、神学におけるスコラ的方法と類同的である。

34 Robert Miner, *Thomas Aquinas on the Passions*, Cambridge University Press, 2009, p. 27.

35 引用と要約の相違については次の書物から学ぶところが多い。Rémi Brague, *The Legend of the Middle Ages: Philosophical Explorations of Medieval Christianity, Judaism, and Islam*, University of Chicago Press, 2009.

36 「引用」についての哲学的考察に関しては、次の研究に依拠した。Robert Sokolowski, "Quotation," *The Review of Metaphysics* 51 (1998), pp. 699–723, especially, pp. 699–705.

37 『対異教徒大全』のテクストは次のものを使用した。Thomas Aquinas, *Liber de veritate Catholicae fidei contra infidelium seu Summa contra gentiles*, cura et studio Ceslai Pera, 3v., Taurini: Marietti, 1961.

38 Jean-Pierre Torrell, *Saint Thomas d'Aquin, maître spirituel: Initiation 2*, 2 éd., revue et augmentée d'une postface, Éditions universitaires: Éditions du Cerf, 2002, p. 20.

39 稲垣良典「ペトルス・ロンバルドゥス」、上智学院新カトリック大事典編纂委員会編『新カトリック大事典』第四巻、研究社、二〇〇九年、五三八―五三九頁。

40 Marcia Colish, "From the Sentence Collection to the *Sentence* Commentary and the *Summa*: Parisian Scholastic Theology, 1130–1215," in *Studies in Scholasticism*, Burlington, VT: Ashgate, 2006, pp. 9–28.

41 Servais Pinckaers, *The Sources of Christian Ethics*, translated from the third edition by Sr. Mary Thomas Noble, Washington, D.C.: Catholic University of America Press, 1995, pp. 106–109.

42 William of Tocco, *Vita S. Thomae Aquinatis*, in D. Prümmer ed., *Fontes vitae S. Thomae Aquinatis*, Toulouse: Ed. Privat, 1911, p. 81.

43 『アリストテレス形而上学注解』のテクストは次のものを使用した。Thomas Aquinas, *In duodecim libros metaphysicorum Aristotelis expositio*, cura et studio M.-R. Cathala et R. Spiazzi, Taurini: Marietti, 1950.

44 中世における「テクスト共同体（textual communities）」については、本章の趣旨とはかなり異なる異端論の文脈ではあるが、次の著作において興味深い分析が為されている。Brian Stock, *The Implications of Literacy: Written Language and Models of Interpretation in the Eleventh and Twelfth Centuries*, Princeton University Press, 1983.

45 稲垣良典『問題としての神――経験・存在・神』創文社、二〇〇二年。

46 このような点に関してより詳しくは、次の拙稿を参照されたい。山本芳久「信仰の知的性格について――トマス・アクィナスの創造論を手がかりに」、上智大学中世思想研究所編『中世における信仰と知』所収、二〇一三年、二九三―三一六頁。このあたりの論述は、この拙稿と重なる部分が多いことをおことわりしておきたい。

47 フリードリヒ・シュライアマハー『宗教について――宗教を侮蔑する教養人のための講話』深井智朗訳、春秋社、二〇一三年。

48 神の把握不可能性に関しては、次の拙稿を参照されたい。山本芳久「神認識における人格の自立性と関係性――神の把握不可能性の含意するもの」、『トマス・アクィナスにおける人格の存在論』所収、知泉書館、二〇一三年、一〇一―一一九頁。

49　John D. Caputo, *The Weakness of God: A Theology of the Event*, Bloomington: Indiana University Press, 2006; ハンス・ヨーナス『アウシュヴィッツ以後の神』品川哲彦訳、法政大学出版局、二〇〇九年。

50　A・E・マクグラス『キリスト教神学入門』神代真砂実訳、教文館、二〇〇二年、三七七―三七九頁。

51　北森嘉蔵『神の痛みの神学』講談社学術文庫、一九八六年。

52　J・モルトマン『十字架につけられた神』喜田川信・土屋清・大橋秀夫訳、新教出版社、一九七六年。

53　アリスター・E・マクグラス「教理と教義」、同編『現代キリスト教神学思想事典』熊沢義宣・高柳俊一日本語版監修、新教出版社、二〇〇一年、一一九―一二五頁。

54　A・E・マクグラス『キリスト教神学入門』、三七四―三八五頁。

55　トマスは、「意志の単純な運動」を指すのに affectus というラテン語を使用していると解釈しているトマス研究者が存在するが、テクスト上のはっきりとした裏づけは希薄である。むしろ、トマスは、affectus を、「受動的感情」と「意志の単純な運動」の両方を含む上位概念として使用していることの方が多い。だが、トマスは、affectus という概念を明確に定義してはおらず、その使用法にも揺れがあるため、本章で「情念」としてまとめている上位概念に affectus を一対一で対応させることは困難である。なお、affectus が「意志の単純な運動」と「受動的情念」の両方を含みこんだ仕方でトマスによって用いられていることを認めつつも、主に知性的欲求である意志の単純な運動を意味していると解釈している論考として、次の研究を参照されたい。Diana Fritz Cates, *Aquinas on the Emotions: A Religious-Ethical Inquiry*, Georgetown University Press, 2009, especially, pp. 7–9.

56　感情論における質料的要素と形相的要素との区別は、アリストテレス『霊魂論』第一巻第一章 403a29–b2 に由来している。アリストテレスは次のように述べている。「自然学者と問答技術者とでは、魂の諸様態のそれぞれについて定義の仕方が異なるであろう。たとえば、「怒りとは何であるか」ということについて、問答技術者は

「復讐への欲求」とかそれに類したものとして定義し、自然学者は「心臓の周囲の血液のあるいは熱いものの沸騰」と定義するであろう。ところで、これらの定義のうちで後者はその素材［質料］を与えるものだが、前者の定義は形相つまり説明規定を与えている」（アリストテレス『魂について』中畑正志訳、京都大学学術出版会、二〇〇一年、一二―一三頁、［ ］内は、訳者による挿入）。トマスは、『アリストテレス霊魂論注解』第一巻第一講第二四節で、このテクストに対する詳しい解釈を与えている。

57 「欠如に基づいた活動」と「充実に基づいた活動」との区別と統合という観点からトマスの人間論を体系的に捉えなおした研究として、前掲拙著『トマス・アクィナスにおける人格の存在論』を参照されたい。

58 次章で述べるように、トマスは、キリストが人間であるかぎりで抱いた受動的感情（passio）についての考察を、「キリストが人間本性において受け取った魂に関する諸々の欠陥について」（III, q. 15）という問題のなかで遂行している。

59 神の場合には、愛の対象である諸事物自体、神の愛情に満ちた創造のはたらきによってはじめて存立しているという意味で、愛の対象に対する神の能動性・先行性が徹底的に維持される（Cf. I, q.20）。

60 Thomas G. Weinandy, *Does God Suffer?*, University of Notre Dame Press, 2000, especially, pp. 113–171.

61 Michael J. Dodds, *The Unchanging God of Love: Thomas Aquinas and Contemporary Theology on Divine Immutability*, 2nd ed., Washington, D.C.: Catholic University of America Press, 2008.

62 Thomas G. Weinandy, *Does God Change?*, Still River, Mass.: St. Bede's Publications, 1985.

63 A・ジンマーマン、浜寛五郎日本語版責任編集『カトリック聖書新注解書』改訂版、エンデルレ書店、一九八〇年、一一二八、一一五六、一一七三、一一八八頁。

64 高橋虔、B・シュナイダー監修、川島貞雄、橋本滋男、堀田雄康編『新共同訳 新約聖書注解I』日本基督教団出版局、一九九一年、一五四頁。

65 H. Patsch「ποτήριον」、荒井献、H・J・マルクス監修『ギリシア語新約聖書釈義事典』第三巻、教文館、一九九五年、一七五―一七六頁。H. Bardtke, B. Reicke, 保坂高殿「杯」、旧約新約聖書大事典編集委員会編集『旧約新約聖書大事典』三版、教文館、一九八九年、五〇七―五〇八頁。清水宏「杯」、上智学院新カトリック大事典編纂委員会編『新カトリック大事典』第三巻、研究社、一九九八年、一〇五〇頁。

66 J・N・D・ケリー『初期キリスト教教理史（上）』津田謙治訳、一麦出版社、二〇一〇年、一六四―一六六頁。「キリスト仮現論」、日本基督教協議会文書事業部・キリスト教大事典編集委員会企画・編集『キリスト教大事典』所収、改訂新版、教文館、一九六八年、三〇七―三〇八頁。

67 三種類の意志に関わるトマスの用語は、過去の教父たちや同時代の神学者たちによる多様な言葉遣いを受け継いでいることもあって、同じ意志を表現するために複数の用語が使われており、誤解を招きやすいので、ここで整理しておきたい。（1）「感覚的欲求の意志（voluntas sensualitatis）」。これに関しては、用語の使い方はきわめて安定している。（2）「本性としての意志（voluntas ut natura）」「本性的意志（voluntas naturalis）」＝「単純な意志（simplex voluntas）」＝「端的な意志（voluntas absoluta）」＝「テレーシス（thelesis）」。（3）「理性としての意志（voluntas ut ratio）」＝「理性に基づいた意志（voluntas secundum rationem）」＝「思慮ある意志（consiliativa voluntas）」＝「ブーレーシス（bulesis）」。

なお、（2）と（3）は、まとめて「理性の意志（voluntas rationis）」と言われることがあるが、それは、（1）の「感覚的欲求の意志」と対比されて使われる用法である。そのさい、（2）は、「本性という在り方によって考察された理性の意志（voluntas rationis quae consideratur per modum naturae）」と言われることもある。そのような限定なしに単に「理性の意志」と言われるときには、「理性としての意志」を意味することもある。すなわち、「理性の意志」には広狭二つの意味があり、広義においては、「感覚的欲求の意志」と対比される「本性としての意志」と「理性としての意志」の両者を包括する概念であるが、狭義においては、「本性としての意志」に対比される「理性としての意志」と同じ意味で使用されている。

68　最近刊行された稲垣良典『トマス・アクィナスの神学』(創文社、二〇一三年)には、詳細で体系的なキリスト論が収録されており、山田の研究と並び、優れた先行研究となっている。

69　トマス・アクィナス『神学大全』第二八冊、山田晶訳、創文社、二〇〇三年、二一〇―二一一頁の訳注。

70　『ヨハネ福音書注解』のテクストは次のものを使用した。Thomas Aquinas, *Super Evangelium S. Ioannis lectura*, cura P. Raphaelis Cai, O.P., Taurini: Marietti, 1952.

71　この部分は、現代語訳の聖書では「苦役を課せられて、かがみ込み、彼は口を開かなかった」(新共同訳)となっているが、トマスが使用していたラテン語の聖書(ウルガタ訳)では、引用のようになっていた。

72　山田晶はpropassioを「情念以前」と訳している。だが、この訳語は、あたかもpropassioが感情の一種ではないかのような印象を与えるかぎりで、ミスリーディングである。トマス・アクィナス『神学大全』第二八冊、山田晶訳、創文社、二〇〇三年、一九四頁。

73　前掲拙著『トマス・アクィナスにおける人格の存在論』の第六章「根源的な受動性としての愛――人格の全体性における感情の意味」(一四三―一六四頁)を参照されたい。

74　古代末期の教義論争の哲学的意義については、次の研究が興味深い。坂口ふみ『〈個〉の誕生』岩波書店、一九九六年。

75　水谷智洋編『改訂版羅和辞典』研究社、二〇〇九年、三三二頁。

参考文献

この参考文献表は、本書を通じてトマス・アクィナスに興味を抱いた読者が更に研究を進めていくための手がかりとなる入手しやすい文献を精選したものである。

一次文献

トマス・アクィナス『神学大全』高田三郎・稲垣良典・山田晶他訳、全四五巻、一九六〇―二〇一二年。（*Sancti Thomae Aquinatis Doctoris Angelici Opera Omnia Iussu Impensaque Leonis XIII P. M. Edita*, Tomus IV–XII, Romae: Ex Typographia Polyglotta S.C. de Propaganda Fide, 1888–1903; *S. Thomae de Aquino Ordinis Praedicatorum Summa Theologiae*, cura et studio Instituti Studiorum Medievalium Ottaviensis ad textum S. Pii Pp. V iussu confectu recognita, Tomus I–V, Ottawa, Can.: Commissio Piana, 1953.）

トマス・アクィナス『神学大全Ⅰ』『神学大全Ⅱ』山田晶訳、中公クラシックス、二〇一四年。（『神学大全』第一部の冒頭部分の抄訳。訳者による詳細な訳注が付いており、初学者に便利である。）

上智大学中世思想研究所監修・編訳『トマス・アクィナス　中世思想原典集成14』山本耕平他訳、平凡社、一九九三年。

二次文献

稲垣良典『トマス＝アクィナス』清水書院、一九九二年。

――『トマス・アクィナス倫理学の研究』九州大学出版会、一九九七年。

――『トマス・アクィナス』講談社学術文庫、一九九九年。

アンソニー・ケニー『トマス・アクィナス』高柳俊一・藤野正克訳、教文館、一九九六年。

――『トマス・アクィナスの心の哲学』川添信介訳、勁草書房、一九九七年。

エティエンヌ・ジルソン『キリスト教哲学入門――聖トマス・アクィナスをめぐって』山内志朗監訳・松本鉄平訳、慶應義塾大学出版会、二〇一四年。

G・K・チェスタトン『久遠の聖者――アシジの聖フランチェスコ　聖トマス・アクィナス伝』生地竹郎訳、春秋社、一九七六年。

ヨゼフ・ピーパー『四枢要徳について――西洋の伝統に学ぶ』松尾雄二訳、知泉書館、二〇〇七年。

フェルナン・ファン・ステーンベルヘン『十三世紀革命』青木靖三訳、みすず書房、一九六八年。

山田　晶『トマス・アクィナスのキリスト論』創文社、一九九九年。

山本芳久『トマス・アクィナスにおける人格《ペルソナ》の存在論』知泉書館、二〇一三年。

クラウス・リーゼンフーバー『中世における自由と超越』酒井一郎他訳、創文社、一九八八年。

――『中世思想史』村井則夫訳、平凡社ライブラリー、二〇〇三年。

Barnes, Corey L., *Christ's Two Wills in Scholastic Thought: The Christology of Aquinas and its Historical Contexts*, Toronto, Ont.: Pontifical Institute of Mediaeval Studies, 2012.

Gates, Diana Fritz, *Aquinas on the Emotions: A Religious-Ethical Inquiry*, Georgetown University Press, 2009.

Davies, Brian, *Thomas Aquinas's Summa Theologiae: A Guide and Commentary*, Oxford University Press, 2014.

Dodds, Michael J., *The Unchanging God of Love: Thomas Aquinas and Contemporary Theology on Divine Immutability*, 2nd ed., Washington, D.C.: Catholic University of America Press, 2008.

Gondreau, Paul, *The Passions of Christ's Soul in the Theology of St. Thomas Aquinas*, Münster: Aschendorff, 2002.

Hadot, Pierre, *Exercices spirituels et philosophie antique*, préface d'Arnold I. Davidson, Nouvelle éd., revue et augmentée, Paris: Albin Michel, 2002.

Knuuttila, Simo, *Emotions in Ancient and Medieval Philosophy*, Oxford University Press, 2004.

Lombardo, Nicholas E., *The Logic of Desire: Aquinas on Emotion*, Washington, D.C.: Catholic University of America Press, 2010.

McGinn, Bernard, *Thomas Aquinas's Summa theologiae: A Biography*, Princeton University Press, 2014.

Miner, Robert, *Thomas Aquinas on the Passions*, Cambridge University Press, 2009.

O'Meara, Thomas Franklin, *Thomas Aquinas, Theologian*, University of Notre Dame Press, 1997.

Pieper, Josef, *Guide to Thomas Aquinas*, translated from the German by Richard and Clara Winston, San Francisco: Ignatius Press, 1991.

Pinckaers, Servais, *The Sources of Christian Ethics*, translated from the third edition by Sr. Mary Thomas Noble, Washington, D.C.: Catholic University of America Press, 1995.

Prümmer, D. ed., *Fontes vitae S. Thomae Aquinatis*, Toulouse: Ed. Privat, 1911.

Scrutton, Anastasia Philippa, *Thinking through Feeling: God, Emotion, and Passibility*, New York: Continuum, 2011.

Titus, Craig Steven, *Resilience and the Virtue of Fortitude: Aquinas in Dialogue with the Psychosocial Sciences*, Washington, D.C.: Catholic University of America Press, 2006.

Torrell, Jean-Pierre, *La Somme de théologie de saint Thomas d'Aquin*, Paris: Cerf, 1998.

——, *Initiation à Saint Thomas d'Aquin: Sa personne et son œuvre*, 3e éd., Éditions universitaires Fribourg: Éditions du Cerf, 2008.

——, *Saint Thomas d'Aquin, maître spirituel: Initiation 2*, 2 éd., revue et augmentée d'une postface, Éditions universitaires: Éditions du Cerf, 2002.

Turner, Denys, *Thomas Aquinas: A Portrait*, Yale University Press, 2013.

Weinandy, Thomas G., *Does God Change?,* Still River, Mass.: St. Bede's Publications, 1985.

——, *Does God Suffer?*, University of Notre Dame, 2000.

あとがき

書物を読み、書くことに捧げられた生涯というものがある。同時代において収集可能なあらゆる知を渉猟《しょうりょう》し、現代の多くの学者が一生かかっても読み切れないほどの莫大な著作を残したトマスの生涯は、まさにそのような生涯であった。

或るとき、仲間の修道士たちと共に、パリを一望できる丘を歩んでいたトマスと一人の修道士とのあいだに、次のようなやりとりが行なわれた。これは、一三一九年に開催されたトマスの列聖調査委員会において、カプアのバルトロメウスが紹介している逸話だ。

「神父様、あのパリはなんと美しい町なのでしょう」。トマス修道士は答えた。「本当に美しいね」。すると修道士が「あなたのものであったらよいのに」と言った。修道士トマスは「私はそれをどうすればよいだろう」と答えた。修道士は言った。「それをフランス王に売って、〔その〕お金でドミニコ会士のあらゆる住居を建てることができるでしょう」と。トマス修道士は答えた。「本音を言えば、私はむしろクリュソストムス〔三四七頃―四〇七〕の『マタイ福音書注解』が欲しい」と。

このエピソードは、トマスの無欲さを表す出来事として、まさに聖人伝的に解釈されがちだ。だが、私は、文字通りに解釈して、書物に対する、そして真理に対するトマスの情熱がいかに強かったのかをありありと表現した逸話と受けとめたい。耳にしたことはあるが実際に手に取ったことはない書物、部分的な引用を目にしたことはあるがその全体を手にしたことはない書物、古人の真理探究の結晶である書物に対する強烈な愛をトマスは抱いていた。印刷技術が発展し、書籍のディジタル化が進み、世界中のあらゆる情報がネットワークでつながっている現代世界では想像しにくいほどに一冊一冊の書物が貴重であった時代の話である。言うまでもなく、彼が追い求めたのは、物としての書物ではなく、真理を開示する言葉との出会いであった。

トマスにとって、言葉とは、本書で述べた、世界との響き合いの経験を捉えなおすための単なる道具ではなかった。古人から受け継がれてきた言葉自体が、響き合うべき対象であった。この世界との肯定的な関係を築きあげることと、他者の言葉を深く受けとめつつ自らの言葉を円熟させていくこととは、不可分のいとなみであった。

トマスは、現在も世界各地で歌われている讃歌「パンジェ・リングァ(Pange Lingua)」を作詞したことでも有名だが、そのなかに、「[主は]汚れなき乙女から生まれ出でて我らに与えられ、言葉という種(verbi semen)を播きつつこの世をわたり」という一節がある。これは、キリストの生涯を讃えつつトマスが作成した歌詞だが、「言葉という種」という表現が、とても興味深い。
ローマ帝国の辺境である属州パレスチナの片田舎に生まれたキリストは、三〇余年の短い生涯において、「言葉という種」を播き続けた。その種は、千年以上後の、かつては帝国の中心地であったイタリアの地に生まれたトマスのもとにまで届き、『神学大全』という大きな実りを生み出した。そして今度は、その『神学大全』が、時代や地域を超え、多くの人の心に「言葉という種」を播き続けることとなった。

本書は、『神学大全』から「言葉という種」を受けとった著者が、二〇年かけて育んできたささやかな実りである「肯定の哲学」を、読者と分かち合うことを目的に執筆された。著者の言葉のみですべてを語るのではなく、トマスの言葉を多く引用したのは、トマスから受け継いだ「言葉という種」を、ありのままの姿で読者に受け渡したいとの思いが強かったことが一因となっている。

本書に触れた読者が、本書によってトマスと出会い、そして、魅力的な言葉の宝庫である多くの古典と直《じか》に触れる喜びへと導かれることがあれば、著者にとってそれ以上の幸せはない。

本書をこのような形でまとめるにあたっては、慶應義塾大学出版会の片原良子さんから、多大な示唆と励ましを頂いた。最後に記して、御礼の言葉に代えたい。

初出ノート

本書は、「肯定の哲学」という一貫した構想のもとに数年にわたって執筆してきた以下の諸論考を、書籍化にあたって、全面的に書きなおしつつ、体系的にまとめあげたものである。

序　書き下ろし

第一章・第二章　「トマス・アクィナスの感情論――「肯定の哲学」の基礎づけ」、上智大学神学会編『カトリック研究』第八二号(二〇一三年)、三五―九〇頁。

第三章　「盛期スコラ学における制度と学知――トマス『神学大全』の方法論としての「引用」と「区別」」、中世哲学会編『中世思想研究』五一号(二〇〇九年)、一四二―一五五頁。

第四章　「真理の開示の形式としての「スコラ的方法」――トマス・アクィナスの感情論を手がかりに」、竹下政孝・山内志朗編『イスラーム哲学とキリスト教中世』第一巻所収、岩波書店、二〇一一年、一七三―二〇八頁。

第五章　「トマス・アクィナスにおける感情の存在論――神に感情は存在するか」、哲学会編『哲学雑誌』第一二七巻第七九九号(二〇一二年)、七四―九七頁。

第六章　「トマス・アクィナスのキリスト論――「肯定の哲学」の原点」、教父研究会編『パトリスティカ』第一七号(二〇一三年)、一三一―一五四頁。

結論　書き下ろし

ほかにも、以下の諸論考に加筆修正し、その一部を本書に組みこんだ。

「トマス・アクィナス『神学大全』」、『ブックガイド六〇』（『現代思想』二〇〇四年九月増刊号）青土社、二八―三一頁。

「トマス・アクィナス」、大庭健・井上達夫・加藤尚武・川本隆史・神崎繁・塩野谷祐一・成田和信編『現代倫理学事典』所収、弘文堂、二〇〇六年、六四七―六四九頁。

「信仰の知的性格について――トマス・アクィナスの創造論を手がかりに」、上智大学中世思想研究所編『中世における信仰と知』所収、二〇一三年、二九三―三一六頁。

「トマス・アクィナスの再発見――霊性の哲学」、『創文』一三号（二〇一四年四月）、一〇―一二頁。

「「キリストの存在論」の構築へ向けて」、『春秋』五五八号（二〇一四年五月）、一三―一五頁。

慶應義塾大学出版会

キリスト教哲学入門
聖トマス・アクィナスをめぐって

エティエンヌ・ジルソン 著
山内志朗 監訳／松本鉄平 訳

中世哲学の大家エティエンヌ・ジルソンが、聖トマスの思想をてがかりにしながら存在について語った晩年のエッセイ。神の存在を哲学的手法で証明し、かつ信仰のなかで哲学をすることの意義を「キリスト教哲学」の名のもとで主張する。

四六判／上製／240頁
ISBN 978-4-7664-2152-1
◎3,000円　2014年7月刊行

◆主要目次◆

表示価格は刊行時の本体価格（税別）です。

著者
山本芳久　Yamamoto Yoshihisa
東京大学大学院総合文化研究科准教授。
1973年生まれ。東京大学文学部卒業。同大学院人文社会系研究科（哲学専門分野）博士課程修了。千葉大学文学部准教授、アメリカ・カトリック大学客員研究員を経て、現職。専攻は、哲学・倫理学（西洋中世哲学・イスラーム哲学）。博士（文学）（東京大学）。代表著作に『トマス・アクィナスにおける人格《ペルソナ》の存在論』（知泉書館、2013年）、「イスラーム哲学――ラテン・キリスト教世界との交錯」（『西洋哲学史Ⅱ』所収、講談社、2011年）など。

トマス・アクィナス　肯定の哲学

2014年9月20日　初版第1刷発行
2017年7月20日　初版第3刷発行

著　者――――山本芳久
発行者――――古屋正博
発行所――――慶應義塾大学出版会株式会社
〒108-8346　東京都港区三田2-19-30
TEL〔編集部〕03-3451-0931
〔営業部〕03-3451-3584〈ご注文〉
〔　〃　〕03-3451-6926
FAX〔営業部〕03-3451-3122
振替　00190-8-155497
http://www.keio-up.co.jp/
装　丁――――中垣信夫＋林 映里［中垣デザイン事務所］
印刷・製本――株式会社理想社
カバー印刷――株式会社太平印刷社

Printed in Japan　ISBN 978-4-7664-2171-2

事項索引

◆ア行

◆サ行

人名・著作索引